Euripides
Medea

euripides was the most, what, humanistic,
had, like, the most humanity of the greek writers.
Neil LaBute, „Medea redux"

Für
Sandra und
Tobias Maehler

Euripides
Medea

Neu übersetzt und eingeleitet von

Kurt Roeske

Bibliografische Information der Deutschen Nationalbibliothek:
Die Deutsche Nationalbibliothek verzeichnet diese Publikation
in der Deutschen Nationalbibliografie; detaillierte bibliografische
Daten sind im Internet über http://dnb.dnb.de abrufbar.

© 2014 Kurt Roeske
Satz, Umschlaggestaltung, Herstellung und Verlag:
BoD – Books on Demand

ISBN: 978-3-7357-9944-9

Inhalt

1. Das Dionysostheater

Das dem Gott Dionysos geweihte Theater liegt am Südabhang der Athener Akropolis. Im 5. Jahrhundert v. Chr. waren die Sitze an drei Seiten um eine rechteckige Spielfläche angeordnet, die Orchestra, den Tanzplatz. Der Blick fiel nach Süden auf ein einstöckiges Bühnengebäude aus Holz, die Skene. Es war mit einem flachen Dach gedeckt. Es begrenzte die Orchestra an der vierten Seite. Skene heißt Zelt. Ursprünglich diente ein Zelt der Aufnahme der Requisiten. Ob es vor dem Gebäude zur Zeit der Aufführung der „Medea" schon eine etwas erhöhte Bühne gegeben hat, ist ungewiss.

Jenseits des Gebäudes sah man die Säulen eines Tempels des Dionysos, der aus dem 6. Jahrhundert v. Chr. stammte.

Das Theater ist im Laufe der Jahrhunderte oft umgestaltet worden. Aber es war und blieb immer nach oben offen, es wurde von Tageslicht erhellt.

2. Die Aufführung

Schon am frühen Morgen strömten die Zuschauer in das Theater, und sie verbrachten dort den ganzen Tag. Es waren fast ausschließlich Männer, möglicherweise durften Frauen auf den oberen Rängen Platz nehmen. Für jede der 10 Phylen, in die die Stadt eingeteilt war, waren Plätze reserviert. In der ersten Reihe saßen die Honoratioren, die Priester, die Politiker.

Aufführungszeit war das Frühjahr, das Fest des Dionysos, des Gottes der Fruchtbarkeit, des Weins, der Verwandlung, der Ekstase.

Der Tag begann mit dem Opfer eines Bocks, griechisch tragos. Tragodia, Tragödie, ist der Gesang beim Bocksopfer.

Wie der Bock waren auch die Tragödien Opfergaben für den Gott. Daher wurden sie im 5. Jahrhundert in der Regel im Dionysostheater nur einmal aufgeführt. Das änderte sich im 4. Jahrhundert.

Die Zuschauer erwarteten drei Tragödien und ein Satyrspiel, d.h. einen heiteren, Mythen persiflierenden Abschluss. Die vier Stücke, die Tetralogie, stammten von einem Dichter. Sie konnten, aber mussten nicht in einem Zusammenhang stehen.

Die Aufführung eines Stückes dauerte etwa 1,5 Stunden. Erst am Abend verließen die Zuschauer das Theater.

Eintritt wurde nicht erhoben. Es gab im Gegenteil ein Theatergeld, das den Verdienstausfall kompensieren sollte. Diese Regelung wird Perikles (ca. 490 – 429 v. Chr.) zugeschrieben. Keiner sollte aus finanziellen Gründen von der Teilnahme an einem religiösen Fest ausgeschlossen werden.

Der Inhalt der Stücke war fast immer ein Mythos. Die Athener kannten ihn.

Mythen sind Erzählungen von Göttern, Heroen oder besonderen Menschen. Sie sind eine Form der Welterklärung. Sie sind zeitlos, sie datieren nicht. Sie sind wahr, gültig und unwiderlegbar, sie argumentieren nicht. Sie stellen Konflikte dar und zeigen exemplarisch, wie die Handelnden mit ihnen umgehen, vernünftig oder verblendet. Der Text ist nicht festgelegt. Mythen sind veränderbar, und sie enthalten ein geradezu unerschöpfliches Deutungspotential. Sie ermöglichen den Bezug zur Gegenwart der Zuschauer.

3. DER MEDEA-MYTHOS

In Kolchis, einer Landschaft im Süden des Schwarzen Meeres, wird im heiligen Hain des Ares ein goldenes, genauer: „goldwolliges" Widderfell, ein Vlies, aufbewahrt und von einer gefährlichen Schlange bewacht. Der Widder hatte einst einen jungen Griechen, dem in seiner thessalischen Heimat der Tod drohte, heil über das Meer und den Hellespont nach Kolchis getragen. Als Dank war das Fell dem Ares geweiht worden.

Jason war der rechtmäßige Erbe des thessalischen Throns. Sein regierender Onkel, Pelias, wollte ihm die Herrschaft vorenthalten. Er beauftragte ihn, das Vlies an seinen Ursprungsort zurückzuholen. Er war sich sicher, dass sein Neffe die Expedition nicht überleben würde. Der ließ aus dem Holz der Bäume des Peliongebirges ein Schiff bauen, das er Argo, das Schnelle, nannte und das er mit den tüchtigsten Helden, die es damals in Griechenland gab, bemannte. Mit ihnen, den Argonauten, machte er sich auf den Weg. Er passierte die gefährlichen Symplegaden, zwei Felsen am Eingang zum Bosporus, die sich ständig aufeinander zu- und wieder voneinander fortbewegten, und erreichte unversehrt sein Ziel.

Der König Aietes, ein Sohn des Sonnengottes Helios, knüpfte die Herausgabe des Vlieses an die Bedingung, dass Jason zuvor eine Prüfung bestehe: Er sollte Feuer speiende Stiere unter ein Joch spannen, mit ihnen einen Acker pflügen, Saat ausstreuen und die aus der Saat hervorsprossenden bewaffneten Krieger töten. Pelias hätte recht behalten und Jason hätte das Land nicht lebend verlassen, wenn sich nicht Medea, die Königstochter, in ihn verliebt hätte. Sie rang ihm das eidlich bekräftigte Versprechen ab, dass er sie heirate und als Ehefrau mit nach Griechenland nehme, und half ihm. Da sie als Enkelin des Helios über Zauberkräfte verfügte, gelang es Jason mit ihrer Hilfe nicht nur, die Krieger zu töten, sondern auch, sich des Vlieses zu bemächtigen.

Bei der Abfahrt wäre er dann jedoch fast Gefahr gelaufen, zu scheitern, hätte nicht Medea ihren jüngeren Bruder – am väterlichen Herd, wie es Vers 1345 heißt – getötet. Offenbar hat die Bestattung die Kolcher an der

Verfolgung gehindert. Über die Tötung des Bruders gibt es unterschiedliche Überlieferungen.

Als die Argonauten wider Erwarten nach Thessalien zurückkehrten, war der König und Onkel keineswegs bereit, dem Thronprätendenten zu weichen. Wieder musste Medea eingreifen. Sie versprach den drei Töchtern des Herrschers, den Vater in einem Kessel jung zu kochen. Die Mädchen vertrauten ihr. Als sie den Betrug bemerkten, war es zu spät. Der König war tot. Jason und Medea verließen das Land. In Korinth, bei dem König Kreon, fanden sie freundschaftliche Aufnahme.

4. DIE TRAGÖDIE

Die „Medea" ist im Jahr 431 v.Chr. aufgeführt worden. Sie spielt in Korinth und beginnt mit einem Prolog. Medeas Amme, ihre alte, treue Dienerin aus Kolchis, führt in die Handlung ein. Der Monolog geht in einen Dialog mit dem Erzieher der beiden Söhne Medeas über, schließlich hört man aus dem Innern des Hauses Medea selbst. Sie klagt.

Die Schauspieler, nur Männer, tragen Masken. Masken und Kleidung machen sie als Alte oder Junge, Männer oder Frauen, Herrscher oder Sklaven kenntlich.

Durch zwei Zugänge zwischen Zuschauerraum und Bühnengebäude, die Parodoi, tritt der Chor auf, 15 Frauen, aufgeteilt in zwei Gruppen, Korintherinnen, auch sie Männer. Parodos heißt das Einzugslied.

Auf die Parodos folgt das 1. Epeisodion, der 1. Auftritt.

Danach singt der Chor sein 1. Stasimon. Stasimon heißt Standlied.

Das meint aber nicht, dass der Chor steht. Im Gegenteil: Er nimmt lebhaft am Geschehen Anteil und tanzt. Sein Platz ist die Orchestra, der „Tanzplatz".

Während für die Sprechverse i. d. R. der jambische Trimeter mit seinen drei Metren und sechs Füßen verwendet wird, sind die Metren der Chorlieder vielfältig. Leider fehlen uns die Noten zu den Liedern.

Der antike Vers ist nach Längen und Kürzen gegliedert, während wir nach betonten und unbetonten Silben differenzieren.

Wenn wir also von sechs Hebungen sprechen, so gilt das für uns, nicht aber für das griechische Original.

Es sei noch auf zwei weitere Unterschiede zwischen den Sprechversen und den Chorliedern hingewiesen:

Gesprochen wird im jonisch-attischen Dialekt, wie er in Athen gebräuchlich ist, gesungen wird dorisch. Das hängt mit der unterschiedlichen Herkunft der Partien zusammen.

Die Sprache der Schauspieler ist natürlich. Sie entspricht – vom Rhythmus abgesehen – der Umgangssprache, die Chorlieder sind in Wortwahl und Satzbau kunstvoll gestaltet.

Es gibt fünf Epeisodien und entsprechend fünf Stasima. Den Schluss bildet der Exodus.

Der Chor ist die Urzelle der Tragödie. Er bleibt bis zum Schluss in der Orchestra. Daraus ergibt sich zwangsläufig die Notwendigkeit der Einheit von Raum und Zeit.

Der Chor in der „Medea" ist ein „Gefährtinnenchor": Die Frauen stehen auf der Seite der Medea. Er ist Mitspieler, er nimmt zustimmend und kritisch zu dem Geschehen Stellung. Er ist weder die Stimme der Zuschauer noch die des Dichters.

Acht Personen treten in dem Stück auf. Die Rollen wurden auf drei Schauspieler verteilt. Es konnten also nicht mehr als drei sprechende Personen gleichzeitig auf der Bühne agieren. Euripides kommt in der „Medea" sogar mit nur zwei Schauspielern aus.

Der Philosoph Aristoteles (384 – 322 v. Chr.) hat in seiner „Poetik" der Tragödie die Aufgabe zugewiesen, durch „Furcht und Mitleid" (Lessing) eine „Katharsis", eine „Reinigung", zu erzeugen. Die Begriffe haben vielfältige Deutungen erfahren. Vermutlich wandte sich der Philosoph gegen Platon (427 – 347 v. Chr.), der in dem Staat, den er in seinem Dialog „Politeia" entwirft, Tragödien nicht zulassen wollte. Sie seien staatsschädigend, weil sie Emotionen hervorriefen und das Denken außer Kraft setzten. Aristoteles will wohl sagen, dass gerade dadurch, dass die Zuschauer ihre Emotionen im Theater auslebten, dem Denken Raum geschaffen werde.

5. DIE PREISVERGABE

Euripides hat mit der Tetralogie, deren eines Stück die „Medea" war, den 3. und letzten Platz belegt.

Die Griechen liebten den Wettstreit, den Agon, und das nicht nur im Sport. Auch die Tragödiendichter traten als Konkurrenten gegeneinander an. Sie bewarben sich zuerst bei dem zuständigen Beamten um das Recht, aufführen zu dürfen. Drei Dichter wurden ausgewählt. Jedem von ihnen wurde ein reicher Bürger zugewiesen. Er musste oder durfte als „Chorege", „Chorführer", die Aufführung finanzieren. Eine derartige Leiturgie war eine Leistung für die Gemeinschaft, eine Art Vermögenssteuer. Dann begannen die Proben mit den Berufsschauspielern und den Laien des Chors.

An den drei Festtagen wurden dann jeweils die vier Stücke eines Dichters aufgeführt. Am Schluss wurde von einem eigens dafür gebildeten Richterkollegium der 1. Preis verliehen, und es wurden der 2. und 3. Platz zugewiesen. Die Ehre wurde in erster Linie dem Choregen zuteil, dann dem Regisseur, der „Chorodidaskalos" hieß, und seit 449 auch dem besten Schauspieler. Der Dichter ging als Dichter leer aus. In der Regel betätigte er sich jedoch als Regisseur. Die Preise bestanden aus einem Ehrenkranz und Geld.

6. DER DICHTER

Aischylos, Sophokles und Euripides waren nicht die einzigen, aber die bedeutendsten griechischen Tragödiendichter. Sie lebten im 5. Jahrhundert v. Chr. Euripides war der jüngste. Er wurde um 485 auf der Insel Salamis geboren und starb 406 in Pella, der Hauptstadt des makedonischen Königreichs. Die Zahl der von ihm verfassten Tragödien schwankt in der Überlieferung zwischen 76 und 92. Er war weniger erfolgreich als seine Konkurrenten. Nur viermal hat er zu seinen Lebzeiten den 1. Preis errungen, ein weiteres Mal postum. Erst nach seinem Tod lernte man ihn schätzen. Von ihm sind 17 Tragödien erhalten, von Aischylos und Sophokles nur je 6.

7. DER EID

Die Handlung setzt ein, als Jason und Medea sich schon einige Jahre in Korinth aufhalten. Sie sind wohlgelitten, aber sie sind Fremde, Flüchtlinge. Das Paar hat zwei Söhne, die noch im Kindesalter sind. Jason sieht eine Chance zu sozialem Aufstieg, wenn er Kreousa, die Tochter des Königs, heiratet. Er verlässt Medea und die Kinder. Medea will das nicht hinnehmen, sie kämpft um ihren Mann, den Vater ihrer Kinder, um ihre Ehre. Sie kämpft auch dafür, dass das mit einem Eid besiegelte Eheversprechen gehalten wird.

Es gibt in der griechischen Literatur zahlreiche Stellen, die belegen, welche Bedeutung dem Eid eingeräumt wird. Die Stabilität einer jeden Gemeinschaft hängt davon ab, dass ihre Glieder sich einander vertrauen, dass Versprechen gehalten, Eide nicht gebrochen werden. Man muss nicht in die Antike zurückgehen. Der Eid wird auch in unserer modernen Gesellschaft hoch geachtet. Nur wenn verlässliche Vereinbarungen getroffen werden können, entwickeln sich Formen sozialer Kooperation.

Homer (um 700 v. Chr.) berichtet in der Ilias, dass zwischen den Troja belagernden Achäern und den Verteidigern ein Vertrag geschlossen wird. Ein Troer bricht ihn, indem er Menelaos, den Bruder des Heerführers Agamemnon, mit einem Pfeilschuss verwundet. Daraufhin beteuert Agamemnon, dass der Eid und das dabei vergossene Blut der Opfertiere niemals nichtig seien und dass Zeus die Troer mit dem Untergang ihrer Stadt bestrafen werde (4, VV. 153 – 169). An einer anderen Stelle des Werkes heißt es, dass Menschen, die einen Meineid geleistet haben, dafür in der Unterwelt würden büßen müssen (3, VV. 276 – 280).

Für den etwas jüngeren Epiker Hesiod ist es Eris, die Göttin der Streitsucht, die „den auf der Erde lebenden Menschen den größten Schaden zufügt, wenn einer aus freien Stücken einen Meineid leistet" (Theogonie, VV. 231/32).

Herodot (ca. 485 – ca. 425) berichtet in seinem Geschichtswerk über die

Perserkriege, die Pythia in Delphi habe einem Mann, der bereit war, einen Meineid zu schwören, folgenden Bescheid erteilt:

> „Schwöre nur, denn der Tod erwartet auch den, der seinen Eid gebrochen hat. Aber das Kind des Eides ist zwar namenlos, hat weder Hände noch Füße, trotzdem verfolgt es schnell den Mann, der den Eid gebrochen hat, und es ruht nicht eher, als bis es das ganze Geschlecht und Haus gepackt hat und ganz und gar vernichtet." (6,86)

Thukydides (ca. 455 – 400 v. Chr.) hat eine Geschichte des Peloponnesischen Krieges (431 – 404) geschrieben. In zwei Kapiteln im 3. Buch beschreibt er am Beispiel der Insel Kerkyra (Korfu), wie ein Gemeinwesen in die Auseinandersetzung zwischen Athen und Sparta hineingezogen wird und wie sich Parteikämpfe zu Bürgerkriegen entwickeln. Recht und Gesetz werden außer Kraft gesetzt.

> „Wenn überhaupt noch Eide bei einer Versöhnung geleistet wurden, so wurden sie von beiden Seiten nur in einer Notsituation geleistet, und sie galten nur für den Augenblick, solange man sich nicht anders zu helfen wusste. Wer aber bei der erstbesten Gelegenheit zuerst wieder Mut fasste, rächte sich, sobald er den Gegner ungeschützt sah, lieber dadurch, dass er sich das Vertrauen des Gegners zunutze machte, als dadurch, dass er den Vertrag offen aufkündigte. Dabei dachte er an seine Sicherheit und daran, dass ihm der Betrug auch noch den Ruhm der Schlauheit einbrachte." (3,82)

Das sind die Verfallserscheinungen einer Polis.

Die drei folgenden Autoren sind Zeitgenossen. Es handelt sich um einen Philosophen, um einen mehr der Tat und Praxis zugewandten Mann und um einen Lehrer der Redekunst.

In Platons Schrift über den Staat wird der gerechte Mann u.a. dadurch charakterisiert, dass er „Eide und alle sonstigen Vereinbarungen hält" (443 a).

Xenophon (ca. 430 – ca. 353) rühmt an dem Spartaner Agesilaos, dass er keine Eide gebrochen hat (Anabasis, Kap. 3).

Isokrates (436 – 338) mahnt in seiner Rede „Für den Frieden":

> „Halte dich fromm an alles, was man den Göttern schuldet, nicht nur dadurch, dass du opferst, sondern auch dadurch, dass du dich an deine Eide gebunden fühlst" (8,33).

Bedenken wir schließlich, dass Athen zur Zeit der Aufführung der „Medea" kurz vor dem Ausbruch des Peloponnesischen Krieges (431 – 404 v. Chr.) stand. Perikles drängte darauf, ihn zu beginnen, solange Athen noch stärker und besser gerüstet sei als die Gegner. Dass 446 ein 30-jähriger Frieden zwischen Athen und Sparta ausgehandelt worden war (Thukydides 1, 115), interessierte ihn nicht.

Euripides hat Vertrag, Eid und Treue immer wieder thematisiert (vgl. VV. 21/22, 152 – 154; 160 – 163; 198; 442; 494 – 497; 744 ff.; 1400). Wollte er die Athener warnen?

8. Jason und Medea

Jason argumentiert für den Nutzen. Er ist der typische Vertreter einer Gruppe von Intellektuellen, die im 5. Jahrhundert v. Chr. in Athen eine große Rolle gespielt haben. Sie leugneten, dass es absolute Werte gäbe, an denen man sich orientieren könne. Alles sei relativ. Der Maßstab, nach dem man sich richten müsse, sei der Nutzen. Es gelte, ihn zu maximieren.

Nach dieser Maxime handelt Jason. Erst hat er Medea für seine Zwecke instrumentalisiert, jetzt tut er dasselbe mit Kreousa. Er lässt zu, dass Medea aus dem Land gewiesen wird. Es kümmert ihn nicht, dass sie damit praktisch vernichtet wird. Sie kann nicht in die Heimat zurückkehren. Sie hat keine Freunde in Griechenland, die sie um Asyl bitten könnte. Es stehen nicht nur ihre Familie und ihre Ehe auf dem Spiel, sie ist in ihrer Existenz bedroht.

Sie rächt sich an Jason, indem sie ihre und seine Kinder tötet. Für den Griechen gab es keine Hoffnung auf ein erstrebenswertes Leben nach dem Tod. Wollte er seiner Existenz Dauer verleihen, gab es zwei Möglichkeiten: Seine Leistungen leben in seinem Nachruhm weiter oder ein Sohn verleiht seinem Geschlecht Dauer. Medea tötet nicht nur die Söhne, sondern auch Kreousa, mit der Jason neue Kinder zu zeugen beabsichtigte. Er bleibt am Leben, ein lebender Leichnam, und er wird eines unrühmlichen Todes sterben, indem ein Trümmerstück seines Schiffes Argo ihn töten wird.

Es spricht vieles dafür, dass erst Euripides Medea zu einer Kindermörderin gemacht hat. Möglicherweise waren es ursprünglich die Korinther, die die Kinder getötet haben. Christa Wolf hat diese Version aufgegriffen, und bei Euripides begründet Medea ihre Tat unter anderem damit, dass sie die Kinder vor einem Racheakt schützen will.

9. REZEPTIONEN

Medea ist wohl neben Antigone die antike Frauengestalt, die auf deutschen Bühnen die höchste Präsenz hat. Sie hat Dichter und Schriftsteller immer wieder zur Auseinandersetzung herausgefordert. Wir stellen eine kleine Auswahl vor:

Der römische Philosoph, Politiker, Essayist und Dramatiker Lucius Annaeus Seneca (4 – 65 n. Chr.) hat sie zur Furie stilisiert;

bei Franz Grillparzer (1791 – 1872) ist sie die Fremde, der es nicht gelingt, sich an die Welt der Griechen anzupassen;

bei Jean Anouilh (1910 – 1982) ist sie das wilde, unbändige Weib, das nach dem vollkommenen Glück strebt und sich nicht bescheiden kann und will;

bei Christa Wolf (1929 – 2011) ist sie das Opfer einer von Männern dominierten Gesellschaft.

Tom Lanoye (geboren 1958) nennt sein Drama „Mamma Medea". Die in Kolchis Jason in bedingungsloser Liebe verfallene Medea ist in Korinth die Mutter zweier Kinder, ist ein Flüchtling, eine Fremde, sozial deklassiert. Jason verlässt sie, sie rächt sich, indem sie Kreon und Kreousa tötet. Als Jason vor ihrem Haus erscheint, leben die Kinder noch. Ihren Plan, gemeinsam zu fliehen, lehnt Jason ab. Medea erschießt daraufhin das eine Kind, Jason erschießt das zweite. Beide werden gleichermaßen schuldig. In scheinbarer Harmonie wenden sie sich einander wieder zu.

Bei Neil LaBute (geboren 1963) ist Medea eine junge Frau unserer Tage, die sich als Schülerin in ihren Lehrer verliebt, seinen Versprechungen vertraut hat und von ihm um ihr Glück, mehr noch: um ihr Leben betrogen worden ist.

Im Schauspielhaus in Bochum ist 2010 die Medea-Bearbeitung des Tunesiers Fadhel Jaibi und seiner Frau Jabila Baccer aufgeführt worden, im selben Jahr das Kammerstück des Dramatikers Lothar Trolle in Jena.

Heinrich von Kleist hat in seiner „Penthesilea" (1808) die Grundkonzeption der euripideischen Tragödie in der Konfrontation von Penthesilea und Achill übernommen.

Auch das Musiktheater hat sich des Stoffes angenommen: Aribert Reimann (geboren 1936) hat eine Oper komponiert, die auf dem Text Grillparzers basiert. Sie ist 2000 an der Wiener Staatsoper uraufgeführt worden.

Berühmt ist Pier Paolo Pasolinis Verfilmung, in der Maria Callas die Hauptrolle spielt (1969). Sie ist eine Priesterin in einer religiös-mythischen Welt. Ihre Begegnung mit dem Pragmatiker und Rationalisten Jason endet tödlich.

Wer sich auf Medea einlässt, kann sich ihr nicht entziehen, wird von ihr gefesselt, kommt von ihr nicht los.

10. Die Übersetzung

Warum eine Neuübersetzung? Der Wunsch einer Gruppe, die „Medea" in München aufzuführen, hat den Anstoß dazu gegeben. Das Anliegen ist es, aus einem Lesetext mit seinem häufig komplizierten Satzbau und seinen Elisionen einen für die Bühne geeigneten Sprechtext zu machen, der sich stärker der normalen gesprochenen Umgangssprache anpasst und damit auch dem Original eher gerecht wird.

Die Übersetzung verzichtet nicht auf den jambischen Rhythmus der gesprochenen Partien, wohl aber darauf, die vielfältigen nicht-jambischen Metren, zumal in den Chorliedern, im Deutschen nachzuahmen.

Anders als im Griechischen differiert die Anzahl der Hebungen in den Versen.

Die Verszählung entspricht nicht genau der des originalen Textes.

Textgrundlage ist die Ausgabe der „Medea" von Denis L. Page (Oxford, 1971).

Sehr herzlich danke ich meinem Freund, Ferdinand Scherf, der das Manuskript sorgfältig und kritisch durchgesehen hat.

II. Der Text

Die Personen

Amme der Medea
Kreon, König von Korinth
Erzieher
Jason
Kinder der Medea und des Jason
Aigeus, König von Athen
Medea
Bote
Chor der Korintherinnen

Prolog

AMME
Ach, wäre doch das Schiff, die Argo, niemals durch
Den dunklen Pass der Symplegaden hingeflogen in das Land
Der Kolcher, und hätte man doch nie die Fichte in dem Wald
Des Pelion gefällt und hätte nie die Ruder daraus hergestellt
5   Für jene besten Männer, die für Pelias das Vlies,
Das ganz aus Gold ist, holten. Denn Medea, meine Herrin, wäre doch
Dann niemals zu der turmbewehrten Stadt gelangt, die Jolkos heißt.
– Sie liebte Jason, und die Liebe hatte sie betäubt. –
Und niemals hätte sie die Töchter überredet, ihren Vater, Pelias,
10   Zu töten, und sie wohnte jetzt nicht hier in dem Gebiet Korinths
Mit ihren Kindern und dem Mann. Die Bürger schätzen sie,
In deren Land sie als ein Flüchtling kam.

Und sie war stets darauf bedacht, dass sie dem Jason nützt.
Darin liegt ja das größte Glück,
15 Dass sich die Frau dem Gatten nicht entzweit.
Doch nun ist alles feindlich, und es krankt der Liebesbund.
Denn Jason hat sich – treulos gegenüber meiner Herrin und den
    Kindern – nun
Ein königliches Ehebett gesucht und hat das Kind
Des Kreon, der das Land regiert, geheiratet.
20 Medea aber, die Bedauernswerte, so Entehrte, schreit
Heraus die Eide, sie beschwört die Treue, die die rechte Hand
Einst schwur, und ruft die Götter an als Zeugen, wie ihr Jason dankt.
Den Schmerzen hingegeben, ohne Speise liegt sie da,
Die ganze Zeit verzehrt sie sich, in Tränen aufgelöst,
25 Seit sie erfuhr, welch Unrecht sie von ihm erfahren hat.
Sie hebt das Auge nicht und richtet ihr Gesicht nicht von der Erde auf.
So wenig wie ein Fels, wie Meeresflut,
So wenig hört sie, wenn ein Freund ihr einen Rat erteilt.
Nur manchmal wendet sie den blendend weißen Hals
30 Und weint um ihren lieben Vater still in sich hinein,
Um ihre Heimat und das Haus, die sie verriet. So kam sie her
Zusammen mit dem Mann, der sie in ihrer Ehre jetzt verletzt.
Sie hat, die Arme, durch ihr Leid gelernt,
Wie glücklich der ist, der die Heimat nicht verlässt.
35 Die Kinder hasst sie, und ihr Anblick freut sie nicht.
Ich fürchte, dass sie etwas Schlimmes plant.
Ihr Sinn ist unerbittlich, sie erträgt es nicht,
Dass man ihr Übles antut. Ja, ich kenne sie und habe Angst,
Dass sie das scharfe Schwert ins Herz des Mädchens stößt,
40 Nachdem sie heimlich in das Haus geschlichen ist zu ihrem Ehebett,
Dass sie sogar den König tötet und den Bräutigam,
Und so ihr Unglück noch vermehrt.
Sie ist unheimlich. Wer den Kampf als Feind mit ihr beginnt,

Erringt gewiss nicht leicht den Sieg.
45 Da kommen schon die Kinder von dem Übungsplatz zurück.
Vom Leid der Mutter merken sie noch nichts.
Wer jung ist, hält sich Sorgen gern vom Leib.

ERZIEHER
Was stehst du, altes Erbstück im Besitz
Von meiner Herrin, hier alleine vor dem Tor
50 Und klagst in Selbstgesprächen über deine Not?
Warum will denn Medea nicht mit dir zusammen sein?

AMME
Begleiter du der Kinder Jasons, greises Haupt,
Die guten Diener schmerzt das Unglück, das die Herren trifft,
Als wäre es ihr eigenes, und es ergreift das Herz.
55 So sehr hat mich der Kummer übermannt,
Dass es mich hier heraus ins Freie trieb,
Dem Himmel und der Erde von dem Schicksal zu erzählen, das der
        Herrin zugestoßen ist.

ERZIEHER
So jammert denn die Arme immer noch?

AMME
Was denkst denn du! Das Leid ist erst am Anfang, ist noch längst nicht
        auf dem Höhepunkt.

ERZIEHER
60 Die Törin, ach, – wenn man die Herrschaft so bezeichnen darf.
Noch weiß sie nicht, dass sie ein neues Unglück treffen wird.

AMME

Was für ein Unglück, Alter? Sprich, verschweige es mir nicht!

ERZIEHER

Nichts. Hätte ich doch nur kein Wort gesagt.

AMME

Bei deinem Bart, verheimliche es nicht. Bin ich doch Dienerin, wie du
    ein Diener bist,
65 Und wenn es sein muss, kann ich sehr verschwiegen sein.

ERZIEHER

Als ich zur Quelle der Peirene kam, die man als heilig hoch verehrt
– Es sitzen dort die alten Männer gern auf einem Brettspielplatz –,
Da hörte ich, wie einer sagte – und ich tat, als hörte ich nicht zu –,
Dass Kreon, dieses Landes Herr, die Kinder mit der Mutter aus Korinth
    vertreiben will.
70 Ob die Geschichte stimmt, das weiß ich freilich nicht.
Ich wünschte sehr, sie stimmte nicht.

AMME

Auf keinen Fall wird Jason dulden, dass die Kinder dies Geschick
Erleiden, mag er mit ihrer Mutter noch so sehr zerstritten sein.

ERZIEHER

Die neue Bindung drängt den alten Bund zurück.
75 Für dieses Haus ist Jason kein Freund mehr.

AMME

So ist es nun um uns geschehen, wenn nun neues Leid uns trifft,
Bevor das alte ausgelitten ist.

ERZIEHER

Und wenn die Herrin diese Nachricht jetzt erfährt, das wäre gar nicht gut.
Sei still, verschweige sie.

AMME

80 Ihr Kinder, hört ihr, wie der Vater sich zu euch verhält?
Verflucht sei er – ach nein, er ist ja doch mein Herr.
Dass er sich als ein schlechter Mensch erweist,
Wie er die Seinen hier behandelt, das ist aber offenbar.

ERZIEHER

Wer würde anders handeln? Merkst du denn erst jetzt,
85 Dass jeder Mensch sich selbst der Nächste ist?
Bei diesem Vater stirbt die Liebe zu den Kindern wegen einer neuen Frau.

AMME

Es wird schon alles gut, ihr Kinder, geht ins Haus.
Du halte sie von allen Menschen möglichst fern,
Und dass sie ja nicht in die Nähe ihrer Mutter kommen. Ist sie doch
90 Verzweifelt, völlig außer sich.
Gerade habe ich gesehen, dass Medea zornig wie ein Stier
Auf ihre Kinder blickte, so, als ob sie etwas Schlimmes plant.
Ich weiß, dass sie von ihrem Groll nicht lassen wird,
Bevor nicht einer wie von einem Blitz getroffen wird und fällt.
95 Ach, wenn doch ihre Tat die Feinde, nicht die Freunde trifft.

MEDEA (IM INNERN DES HAUSES)

Weh, ich Unglückliche, gequält vom Leid,
Weh mir, weh mir, ach, käme doch der Tod.

AMME

Da ist es, ihr Kinder, die Mutter, sie reizt ihren Mut,

sie reizt ihren Zorn.
100 Geht eilig ins Haus,
Seht zu, dass sie euch nicht erblickt,
Geht nicht zu ihr hin, sondern haltet euch fern
Von der wilden Natur, der schrecklichen Art
Ihres starren Sinns.
105 Nun geht, eilt hinein, so schnell ihr nur könnt.
Es wird ganz gewiss die Klage, die kaum sich erhob und die sie umwölkt,
Sogleich entfacht
Mit größerer Glut. Was wird sie tun,
Die stolze, die unversöhnliche Frau,
110 Die so von Leiden gequält wird?

MEDEA

Ach, was ich erlitt, ich Arme, ja, was ich erlitt,
Das gibt mir zu lauter Klage das Recht.
Verfluchte Kinder der Mutter, die hasst,
Geht zu Grunde, der Vater mit euch, das ganze Haus sei vernichtet.

AMME

115 Was haben die Kinder mit der Schlechtigkeit
Des Vaters zu tun? Warum hasst du sie? Weh mir,
Der Gedanke, dass euch etwas zustößt, macht mir Angst.
Die Herrscher sind furchtbar in ihrer Art,
Sie beherrschen sich selten, üben häufig Gewalt,
120 Nur mühsam ändern sie ihr Temperament.
Wer sich daran gewöhnt hat, dass er unter Seinesgleichen lebt,
Der hat es besser. Alt zu werden, wenn auch nicht im Glanz,
Doch ohne Angst, sei mir vergönnt.
Allein das Wort zu nennen: „Maß", ist größter Trumpf,
125 Doch maßvoll leben, das ist für die Menschen das größte Glück.
Es verschafft den Sterblichen keinen Gewinn, wenn sie maßlos sind.

Noch größeres Unglück droht einem Haus,
Zürnt ihm ein Daimon.

Parodos

Chor
Ich hörte die Stimme, ich hörte den Schrei
Der leidenden Fremden aus Kolchis.
130   Noch immer hat sie sich nicht beruhigt. Alte, so sprich!
Ich war im Haus in der Nähe des Tors,
Und ich habe gehört, wie sie schrie. Nein, liebe Frau, ich freue mich nicht
An dem Kummer des Hauses. Das Haus ist mir vertraut geworden.

Amme
Es gibt jetzt kein Haus mehr, es ist dahin.
135   Ihn fesselt das Bett im Königspalast,
Und die Herrin härmt sich im Ehegemach.
Kein Wort eines Freundes vermag sie zu trösten.

Medea
Ach, führe mir doch der Blitz durch den Kopf!
Zu leben – was nützt es mir noch?
140   Weh, fände ich endlich Erlösung im Tod
Und schiede aus diesem verhassten Dasein.

Chor – Strophe
So hört doch, Zeus und Erde und Licht,
Ihren Schmerzensschrei!
Was treibt dich, törichte Frau, für ein Sehnen
145   In das grausige Bett des Hades?
Wird es dir schnell das Ende bringen, den Tod?

Erflehe nur das nicht.
Dem Gatten gefällt ein neues Bett?
Das Schicksal teilst du mit vielen. Sei deswegen nicht verbittert.
150 Zeus wird dir dein Recht verschaffen.
Verzehre dich nicht zu sehr in dem Gram um den Gatten.

MEDEA
Du große Themis, Göttin der Gerechtigkeit, und du, erhabene Göttin,
    Artemis,
Erkennt ihr nicht, was ich erleide, die ich mit heiligen Eiden einst
Den Mann an mich gebunden habe? Verflucht soll er sein!
155 Ach könnte ich noch erleben, wie er und die Frau
Vernichtet werden mitsamt dem Palast,
Da sie alle es wagen, mir grundlos Unrecht zu tun.
Ich habe euch, Vater und Heimatstadt,
Verlassen, ich habe den Bruder getötet.

AMME
160 Ihr habt gehört, was sie sagt, wie sie Themis beschwört,
Die die Meineide rächt, und Zeus,
Der den Menschen als Hüter der Eide gilt.
Um keinen geringen Preis
Wird die Herrin den Groll beenden.

CHOR – GEGENSTROPHE
165 Käme sie uns doch vor Augen
Und hörte den Klang der Worte, die wir sprechen
Und zum Trost an sie richten.
Sie gäbe vielleicht den Zorn, der ihr Herz beschwert, auf
Und den Trotz ihres Denkens.
170 Nie soll es Freunden an meiner Zuneigung fehlen.
(zur Amme) Jetzt gehe und führe sie her aus dem Haus

Und sage ihr, dass wir Freundinnen sind.
Beeile dich, schnell, bevor den Ihren Schlimmes geschieht.
Gewaltig bricht ihr Zorn sich Bahn.

AMME

175 Ich gehe hinein, doch ich bin voller Furcht,
Ob die Herrin sich wohl überreden lässt.
Aber euch zu Gefallen will ich es tun.
Doch wie eine Löwin, die eben geworfen hat,
So stiert sie uns an,
180 Kommt eine von uns, ihren Dienern, ihr nah und spricht ein Wort.
Wenn ihr den Menschen der früheren Zeit
Die Klugheit absprecht und sie töricht nennt, so habt ihr Recht.
Sie erfanden schöne Hymnen zum Mahl,
Zum Gelage, zum festlichen Schmaus.
185 Der Gesang hat die Lebensfreude erhöht.
Doch niemandem ist es gelungen, dem schrecklichen Leid
Der Menschen ein Ende zu setzen mit musischer Kunst,
Mit Liedern zum Spiel der Leier, seitdem das schlimme Geschick
Die Häuser zerstört und der Tod.
190 Wenn die Menschen mit Tanz und Gesang dieses Leid
Zu heilen verstünden, das wäre ein großer Gewinn.
Es nützt nichts, wenn beim freudigen Mahl die Stimme erklingt.
Vergnügen bereitet doch schon der Genuss des reichlichen Mahles.

CHOR

Einen Wehruf habe ich eben gehört, wie sie stöhnt und seufzt.
195 Schrill schreit sie ihren Kummer heraus, ihre Qual,
Sie verflucht den üblen Gemahl, der die Ehe verrät.
Die Göttin beschwört sie, das Unrecht zu rächen, das ihr geschah,
Die Eide schützende Themis, Gemahlin des Zeus.
Sie hat sie herüber nach Hellas gebracht, hierher,

200 Durch die nächtlichen Wogen zum salzigen Tor
Des schwer durchfahrbaren Meeres.

1. Epeisodion, 1. Szene

MEDEA
Ihr Frauen aus Korinth, ich komme aus dem Haus,
205 Damit ihr mich nicht tadelt. Weiß ich doch,
Dass viele stolz sind; dass von ihnen manche gern
Die Blicke meiden, manche lieber unter Menschen sind. Wer ruhig ist,
Erwirbt den üblen Ruf der Teilnahmslosigkeit.
Der bloße Augenschein ist aber ungerecht,
210 Wenn nämlich einer, ehe er das Herz von einem Menschen kennt,
Ihn schon beim ersten Anblick hasst, obwohl er gar kein Unrecht litt.
Kommt einer fremd in eine Stadt, muss er besonders darauf achten,
angepasst zu sein.
Doch lobe ich auch jenen Bürger nicht, der unbeugsam
Den Mitbewohnern lästig ist, der unbelehrbar ist, ein Tor.
215 Das Leid, das mich nun unerwartet hart getroffen hat,
Zerstört mein Leben ganz und gar. Ich bin am Ende meiner Kraft,
Und nichts bereitet mir mehr Freude. Ich wünsche mir, ihr lieben Frauen,
nur den Tod.
Der Mann, der alles für mich war und der das sehr wohl weiß,
Mein Gatte, hat nun offenbart, dass er der Schlechteste von allen
Männern ist.
220 Von allem, was beseelt ist und was denken kann,
Ist doch die Frau das unglückseligste Geschöpf.
Zuerst, da müssen wir, die Frauen, für viel Geld
Den Mann uns kaufen, dem dann unser Körper sklavisch dient.
Das zweite Übel fügt uns noch viel mehr Schmerz als das erste zu.
225 Die größte Sorge ist jedoch, wie der Mann ist, den du bekommst,

Ob gut, ob schlecht. Der Frau bringt eine Scheidung keinen guten Ruf,
Und sich dem Mann versagen darf sie nicht.
Kommt sie noch in ein fremdes Land und kennt die Sitten und Gesetze
    nicht,
Muss sie Prophetin sein – von Haus aus weiß sie es ja nicht –,
230 Wenn sie den Bettgenossen gut bedienen will.
Gelingt es uns mit größter Kraft,
Dass unser Gatte mit uns lebt und gern das Joch der Ehe trägt,
Ist unser Los beneidenswert. Sonst ist der Tod das beste Los.
Wenn einen Mann zu Hause Ärger quält,
235 Dann sucht er auswärts die Befreiung von der Qual
Bei einem seiner Freunde oder einem, der so alt ist wie er selbst.
Wir Frauen dürfen nur auf einen blicken, mehr ist nicht erlaubt.
Man sagt, wir lebten drinnen in den Häusern sicher vor Gefahr,
Die Männer kämpften mit dem Speer. Doch wer so denkt, denkt schlecht.
240 Denn einmal nur ein Kind gebären, das ist dreimal schlimmer als ein
    Kampf.
Doch solche Rede trifft allein auf mich zu, nicht auf euch.
Ihr habt noch eine Heimatstadt hier in Korinth, ein Vaterhaus,
Am Leben Freude, einen Freundeskreis,
Ich bin allein, ich habe keine Heimat mehr, erdulde Unrecht von dem
    Mann,
245 Der mich verschleppt hat und geraubt aus dem Barbarenland.
Ich habe keine Mutter, keinen Bruder, und von den Verwandten keinen
    mehr,
Die mich aus dieser Not erretten kann.
Nur eine Bitte habe ich an euch:
Wenn ich ein Mittel finde, einen Weg,
250 Für all das Leid die Strafe zu vollziehen an dem Ehemann,
An dem, der ihm die Tochter gab, und an der Braut,
Dann schweigt. Ist sonst auch eine Frau voll Furcht,
Ist feige vor dem Anblick eines Schwertes, wehrt sich nicht,

So gibt es keine Seele, die sich mehr nach Blut und Rache sehnt,
255 Erleidet sie in ihrer Ehe Schmach.

CHOR

Ich schweige. Denn mit Recht bestrafst du deinen Mann,
Medea. Wir verstehen, dass dein Schicksal dich so traurig macht.
Da sehe ich den Kreon kommen, dieses Landes Herr,
Er wird dir sagen, was er von dir will.

1. EPEISODION, 2. SZENE

KREON

260 Medea, du, die du so finster blickst und deinem Gatten zürnst,
Ich habe angeordnet, dass du dieses Land verlässt,
Und zwar als Flüchtling. Nimm die beiden Kinder mit,
Beeile dich. Ich sorge selbst dafür,
Dass der Befehl vollzogen wird, und kehre nicht in den Palast zurück,
265 Bevor man dich aus diesem Land vertrieben hat.

MEDEA

Weh,
Jetzt bin ich Arme ganz verloren, ganz zerstört,
Denn alle Segel sind von meinem Feind gesetzt,
Und alle Wege aus der Not sind mir versperrt.
Das Unglück lastet schwer auf mir. Doch, Kreon, sage mir:
270 Warum vertreibst du mich aus diesem Land?

KREON

Ich habe Angst – gewiss nicht ohne Grund –,
Dass meinem Kind von dir ein unheilbares Unheil droht.
Viel kommt zusammen, was mich das befürchten lässt.

Klug bist du und mit vielen Tücken wohlvertraut
275 Und bist gekränkt, des Ehebetts beraubt.
Von meinen Boten höre ich, du drohst,
Dass du dem Vater und der Tochter und dem Bräutigam
Ein Leid antust. Ich werde dafür sorgen, dass das nicht geschieht.
Für mich ist es weit besser, jetzt von dir gehasst zu werden, Weib,
280 Als hinterher zu klagen, wenn ich mich erweichen ließ.

MEDEA
Ach, Kreon,
Nicht erst seit heute schadet mir mein Ruf,
Schon häufig hat er es getan und hat mir schlimme Übel zugefügt.
Nie darf ein Mann, wenn er vernünftig ist,
Es dulden, dass die Kinder zu gebildet sind.
285 Sie trifft der Vorwurf, dass sie müßig sind,
Und außerdem verfolgen sie die Bürger noch mit hasserfülltem Neid.
Bringst du den Toren eine neue Weisheit bei,
Wirst du nicht weise scheinen, sondern unbrauchbar.
Giltst du als überlegen im Vergleich zu denen, die so allerlei
290 Zu wissen glauben, sieht man dich in jeder Stadt als lästig an.
Ich selber teile dieses Los:
Mit meiner Klugheit wecke ich bei manchen Neid,
Die einen denken, ich bin müßig, andere das Gegenteil,
Für manche bin ich lästig. Doch in Wahrheit bin ich gar nicht klug.
295 Du fürchtest mich? Dass du von mir ein Leid erfährst?
Nein. Kreon, habe keine Angst vor uns. In solcher Lage bin ich nicht,
So dass ich böse Pläne schmiede gegen die, die mächtig sind.
Was hast du mir denn angetan? Du gabst die Tochter dem,
Der dir gefiel. Doch meinen Mann – den hasse ich.
300 Was du getan hast, war in meinen Augen klug.
Ich bin nicht neidisch auf dein Glück.
Nun mag die Ehe euch verbinden, lebt zufrieden. Mich jedoch

40

Lasst in dem Land hier wohnen. Dass ich Unrecht litt, ist wahr.
Trotzdem will ich mich still verhalten und mich fügen dem, der
stärker ist.

KREON

305 Es hört sich sanft an, was du sagst. Doch fürchte ich,
Dass du in deinem Innern nur auf mein Verderben sinnst.
Ich traute dir schon vorher nicht, jetzt aber noch viel weniger.
Vor einer Frau, die aufbraust, ebenso vor einem solchen Mann
Kann ich mich leichter schützen als vor jemandem, der schweigsam ist
und klug.
310 Geh fort, und möglichst schnell, und halt den Mund.
So ist es festgesetzt, und du erwirkst durch keine List,
Dass du hier bei uns bleibst. Du siehst in mir ja nur den Feind.

MEDEA (kniet vor ihm nieder)
Nein,
Bei deinen Knieen und bei deiner jungvermählten Tochter flehe ich dich
an.

KREON
Du sprichst umsonst, denn niemals gebe ich dir nach.

MEDEA
315 Du jagst mich fort? Bewirken mein Bitten keine Scheu in dir?

KREON
Ich liebe dich nicht mehr, als mir mein Haus lieb ist.

MEDEA
O Vaterland, wie denke ich gerade jetzt an dich.

KREON

Es ist auch mir das weitaus Liebste, sehe ich von meinen Kindern ab.

MEDEA

Ach weh, welch großes Übel ist die Liebe für die Menschen doch.

KREON

320   Das hängt wohl, glaube ich, vom Schicksal ab.

MEDEA

O Zeus, der möge nicht vor dir verborgen sein, der dieses Leid verursacht
hat.

KREON

Verschwinde, Törin, und erlöse mich von dieser Qual.

MEDEA

Die Qualen dulde ich, der Qual von dir bedarf ich nicht.

KREON

Gleich wirst du von den Dienern fortgestoßen – mit Gewalt.

MEDEA

325   Nicht, Kreon, nicht, ich bitte dich.

KREON

Mir scheint, du willst mir Schwierigkeiten machen, Weib.

MEDEA

Wir werden dieses Land verlassen. Darum ging es nicht, als ich dich bat.

KREON

Wozu willst du mich zwingen, und warum stehst du nicht auf?

MEDEA

Gewähre mir nur diesen einen Tag, um den Verbannten einen Zu-
fluchtsort
330 Zu suchen und die Sicherheit der Söhne zu bedenken für die Zeit, die
kommt.
Den Vater kümmern ja die Kinder nicht.
Erbarm dich ihrer. Denn du bist doch auch
Ein Vater, du hast Kinder. Ist es nicht natürlich, dass du ihnen hilfst?
Es geht bei dieser Flucht ja nicht um mich.
335 Um jene weine ich, die dieses harte Schicksal trifft.

KREON

In meinem Wesen bin ich kein Tyrann.
Aus Mitleid habe ich schon vieles falsch gemacht.
Ich weiß auch jetzt, ich mache wieder einen Fehler, Weib.
Ich will dir trotzdem deinen Wunsch erfüllen. Doch das merke dir:
360 Wenn dich des Sonnengottes Fackel morgen früh noch in Korinth
erblickt,
Und mit dir deine Kinder, musst du sterben. Das ist mein Befehl.
Wenn du denn bleiben musst, so bleibe einen Tag.
Da wirst du schon nichts tun von dem, wovor mir bangt. (Kreon ab)

CHOR

Arme Frau, weh, weh, welch ein Schmerz,
365 Wo fliehst du hin, wer nimmt dich auf?
Wo gibt es ein Haus, wo gibt es ein Land,
Das dich rettet aus all dem Leid?
Wie hat dich, Medea, ein Gott gestürzt
In ausweglose Wogen des Unheils.

Medea

370 Es ist – wer könnte daran zweifeln – schlecht um uns bestellt.
Doch das wird nicht so bleiben, dessen seid gewiss.
Da lauert auf die neu Vermählten noch Gefahr,
Und auf den Vater, der das Band geknüpft hat, nicht geringe Qual.
Meint ihr, ich hätte ihm geschmeichelt und ich hätte dabei nicht
380 An meinen Vorteil und an Trug gedacht?
Nur darum habe ich ihn angeredet und berührt.
Er hat mich nicht durchschaut. So dumm ist er.
Statt dass er meinen Plan vereitelt hat, indem er mich vertrieb,
Erlaubte er mir, dass ich diesen Tag noch bleiben darf,
385 An dem drei Feinde sterben werden: Vater, Tochter, mein Gemahl.
Ihr lieben Freundinnen, ich kenne viele Wege in den Tod.
Ich weiß nicht, welcher Weg der beste ist und welchen ich beschreiten
soll:
Ich könnte Feuer legen an ihr Brautgemach,
Ich könnte mich auch heimlich in das Haus
390 Des Mädchens schleichen, mit dem scharfen Schwert
Ihr Herz durchbohren. Doch das wäre nicht sehr klug:
Ergreift man mich, wie ich, auf meine Tat bedacht,
Das Haus betrete, sterbe ich und werde meinen Feinden zum Gespött.
Am besten ist der grade Weg, er ist uns ja nur allzu gut vertraut,
395 Uns Weibern: Tod durch Gift. Gesetzt den Fall,
Ich habe sie getötet. Welche Stadt nimmt mich als Gast nun auf?
Wo ist der Freund, der mir in seinem Land Asyl
Und Schutz in seinem Haus gewähren und mich retten wird?
Den gibt es nicht. Jedoch: Es bleibt noch etwas Zeit.
400 Wenn jemand kommt, der sich als guter Schutz erweist,
Betreibe ich den Mord in aller Stille und mit List.
Vereitelt mir das mächtige Geschick den Plan,

Dann greife ich zum Schwert und töte sie und setze auf Gewalt,
Auch wenn ich selber sterben muss.
405 Bei meiner Herrin Hekate, die ich von allen Gottheiten
Am meisten ehre, die ich mir als Beistand auserkor
Und die im Innern meines Heimathauses wohnt:
Es soll sich keiner je daran erfreuen, mir das Herz
Zu kränken. Denn ich werde ihre Ehe bitter machen, voller Schmerz.
410 Und bitter wird der Vater noch bereuen, dass er diese Ehe schloss
Und dass er mich vertrieb.
Auf denn, Medea, nichts von dem, was du verstehst,
Lass unversucht: Ersinne Pläne, hecke Listen aus
Und gehe bis zum Äußersten. Gefragt ist Mut.
415 Du siehst ja, was du leidest. Setze dich zur Wehr, sonst wirst du zum
Gespött
Durch Jasons Ehe und durch das Geschlecht des Sisyphos,
Des Gründers von Korinth,
Du, Tochter eines edlen Vaters, Enkelin des Helios.
Du bist erfahren. Außerdem sind wir, die Frauen, zwar
420 Zu edlen Taten unbegabt, doch höchst geschickt
In dem, was uns auf krummem Weg zu den gewünschten Zielen führt.

1. Stasimon – Chor

1. Strophe

Die Quellen der heiligen Ströme fließen bergauf,
das Recht, alles verkehrt sich,
die Männer ersinnen tückische Pläne, bei den Göttern
425 beschworene Treue hat keinen Bestand mehr.
Mein Ruf wird sich ändern, mein Leben wird ruhmvoll,
Ehre wird dem weiblichen Geschlecht zuteil,
und es wird keine hässliche Nachrede mehr die Frauen belasten.

1. Gegenstrophe

Die Musen der alten Sänger werden aufhören,
430 von den treulosen Frauen zu singen.
Phoibos verlieh uns nicht die Gabe göttlichen Liedes
zur Lyra, der Stifter der Töne.
Sonst hätte ich eine Weise angestimmt gegen die Männer.
Die lange Zeit weiß vieles zu sagen über unser Schicksal und das der
Männer.

2. Strophe

435 Du hast das Haus deines Vaters verlassen.
Mit rasend verliebtem Herzen hast du
die Doppelfelsen des Meeres durchfahren.
Du wohnst in einem fremden Land, ohne Mann.
Du hast das Ehebett verloren, du Arme,
440 du wirst aus Korinth vertrieben,
verbannt und entehrt.

2. Gegenstrophe

Fort ist das Ansehen, das die Eide genossen, keine Achtung
wohnt mehr in dem weiten Land der Hellenen, sie entflog.
Du hast kein Vaterhaus mehr,
445 du Arme, dort deinen Mühen zu entkommen.
Über dein Ehebett herrscht eine andere,
die Tochter des Königs.
Sie hat sich in das Haus gedrängt.

2. Epeisodion

JASON
Schon oft und nicht erst heute habe ich gelernt,
450 Dass ungezähmter Zorn ein unheilbares Übel ist.
Es wäre dir erlaubt, in diesem Land zu wohnen und in diesem Haus,
Wenn du nur ohne Widerstand dem Rat der Mächtigen gehorchst.
Dein törichtes Geschwätz vertreibt dich aus Korinth.
Auf mich – da magst du schimpfen. Fahre ruhig fort
455 Zu sagen, Jason sei ein furchtbar schlechter Mensch.
Doch was die Worte gegen unser Königshaus betrifft,
Sei glücklich, dass du nur das Land verlassen musst.
Ich habe mich die ganze Zeit bemüht, den Zorn
Der Herrscher zu besänftigen. Ich wollte, dass du bleibst.
460 Doch du hast deine dummen Reden wiederholt und schmähst
Die Herrscher immer noch, und deshalb wirst du aus dem Land verbannt.
Trotz allem bin ich hergekommen. Denn ich will mich meiner Pflicht
Den Meinen gegenüber nicht entziehen. Dir gilt meine Sorge, Frau,
Dass du nicht mit den Kindern ohne Geld das Land verlassen musst
465 Und Mangel leidest. Allzu eng ist Ausweisung mit Leid verknüpft.
Ich weiß, dass du mich hasst, und ich bin trotzdem immer für dich da.

MEDEA
Du Allerschlechtester, so rede ich dich an.
Die Sprache kennt kein Wort, das besser deine Feigheit trifft.
Jetzt kommst du zu uns, kommst hierher, gehasst
470 Von allen Göttern und von mir und von dem ganzen menschlichen
    Geschlecht?
Das ist nicht Kühnheit, ist nicht Mut,
Wenn man den Seinen frech ins Antlitz schaut, nachdem man ihnen Böses
    tat.
Das ist das größte Laster eines Menschen, wenn er schamlos ist.

Dass du jetzt hier bist, das ist trotzdem gut.

475 Wenn ich dich schmähe, wird das Herz mir leicht,
Und dir tun meine Worte weh.
Wie es begonnen hat, erzähle ich zuerst.
Ich habe dich gerettet. Alle Griechen wissen das,
Die einst die Mannschaft deiner Argo bildeten.

480 Du warst gesandt, die Stiere, deren Mäuler Feuer speien, unters Joch
Zu zwingen und dann Samen auszustreuen auf die Todesflur.
Den Drachen habe ich getötet. Vielfach war er um das Vlies aus Gold
Gewunden. Er bewachte es, und er schlief niemals ein.
Das Rettungslicht für dich war ich.

485 Danach verriet ich meinen Vater und mein Haus
Und kam ins Peliongebirge, Jolkos hieß die Stadt,
Mit dir zusammen. Ich war voller Tatendrang, doch nicht sehr klug.
Von seinen Töchtern ließ ich Pelias, den König, töten. Schmerzhaft
    war der Tod, den er erlitt.
Nun gibt es das Geschlecht nicht mehr.

490 Das, Allerschlechtester, verdankst du mir.
Der Dank: Verrat an mir, ein neues Bett,
Obwohl du Kinder hast. Wärst du noch kinderlos,
Dann könnte man es dir verzeihen, dass du jetzt ein neues Bett begehrst.
Der Eid, der Treue schwor, hat nicht Bestand. Mir ist nicht klar:

495 Glaubst du, die alten Götter herrschten gar nicht mehr,
Es gelte bei den Menschen neues Recht, da du ja weißt,
Dass du den Eid gebrochen hast, den du mir schworst?
Weh, meine rechte Hand, die du so oft ergriffen hast,
Und diese Kniee, wie vergebens hat er euch berührt,

500 Der schlechte Kerl, wie sehr hat er die Hoffnungen enttäuscht.
Wohlan, jetzt will ich zu dir reden wie zu einem Freund.
Jedoch – gibt es denn etwas, das ich mir von dir erhoffen kann?
Gleichwohl: Ich frage dich, damit sich deine Schandtat deutlicher enthüllt:
Wohin soll ich mich wenden? In mein Vaterland,

505 Zu meinem Vater? Beide habe ich verraten, ehe ich
hierhergekommen bin. Wie werden denn die armen Töchter, deren Vater
   Pelias
Ich hingemordet habe, mich, die Mörderin, in ihrem Haus
Empfangen? Denn so ist es doch: Zuhause werde ich gehasst,
510 Und die sind meine Feinde, denen ohne Grund von mir
Ein Unrecht widerfahren ist. Ich tat es nur für dich.
Als Dank hast du mir Glück geschenkt,
So denken viele Griechinnen. Weh mir, was bist du doch
Als Ehemann so treu und wunderbar,
515 Da ich aus diesem Land verstoßen bin und fliehen muss, allein
Und ohne Freunde, nur mit meinen Kindern, die wie ich verlassen sind.
Das ist für den, der jungvermählt ist, ein besonders schöner Schimpf,
Dass ich, die dich gerettet hat, mit deinen Kindern ohne Ziel
Und bettelnd durch die Lande ziehen muss.
520 Warum verdanken, Zeus, wir Menschen dir für echtes Gold
Ein Merkmal, das untrüglich ist,
Und warum hast du uns kein Zeichen eingebrannt,
So dass man schlechte Männer leicht erkennen kann?

CHOR
Der Zorn ist furchtbar und ist unheilbar,
525 Sobald ein Freund mit einem Freund in Streit gerät.

JASON
Mir scheint, ich darf kein schlechter Redner sein.
Jetzt gilt es, sich vor deiner unverschämten Rede, Weib,
Zu retten wie ein kluger Steuermann, der auf dem Schiff
Die Segel refft. Zu sehr hast du das aufgebauscht,
530 Was du für mich geleistet hast.
Ich glaube, es war Kypris, von den Göttern und den Menschen sie allein,
Die mich auf meiner Fahrt gerettet hat.

Du bist zwar klug und siehst es ein, doch fällt es dir sehr schwer,
Davon zu sprechen, wie der Eros dich mit unfehlbaren Pfeilen zwang,
535 Mich vor dem Tod zu retten. Doch genug davon.
Wie immer du mir auch genützt hast, es war gut.
Viel Größeres hast du jedoch von mir empfangen im Vergleich zu dem,
Was du für meine Rettung je geleistet hast. Und hier ist der Beweis:
Zuerst: Du wohnst in Hellas, nicht in dem Barbarenland,
540 Du kennst das Recht und weißt, an Stelle von Gewalt
Dich des Gesetzes zu bedienen. Jeder Grieche hat gelernt, wie klug du
     bist,
Und das hat dich berühmt gemacht. Denn wohntest du am Ende dieser
     Welt,
Wer spräche dann von dir? Ich wünsche mir kein Gold in meinem Haus
Und auch nicht, dass ich schöner noch als Orpheus Lieder singen kann,
545 Wenn nicht zugleich mein Glück für alle sichtbar wird und mein Erfolg.
So viel sei über das gesagt, was du von mir erfahren hast.
Denn du hast angefangen mit dem Redekampf, nicht ich.
Was nun die Ehe mit der Königstochter angeht, die du schmähst,
So werde ich dir zeigen: Erstens: Ich erweise mich als klug,
550 Dann als besonnen, dann als großer Freund von dir
Und meinen Kindern. Rege dich nicht auf und höre ruhig zu!
Als ich aus Jolkos kam und manche Widrigkeit
Im Schlepptau hatte, die nur schwer zu überwinden schien,
Da bot sich mir, dem Flüchtling, doch
555 In dieser Ehe mit der Königstochter zweifelsfrei das größte Glück.
Ich hasse nicht dein Bett, wie du verbittert meinst,
Es war auch nicht die Lust, die mich in eine neue Ehe trieb,
Nicht das Verlangen, kinderreich zu sein.
Die Kinder, die ich habe, sind genug. Ich klage nicht.
560 Das Wichtigste ist doch, dass wir hier wohnen, wie es sich geziemt,
Und dass wir keinen Mangel leiden: Denn ich weiß,
Dass jeder Freund dem Armen aus dem Weg zu gehen pflegt.

Und wichtig ist, dass ich die Kinder, die du mir geboren hast,
Erziehe, wie die Herkunft es von mir verlangt,
565 Und dass ich ihnen Brüder zeuge, sie in einen königlichen Rang
Erhebe, dass ich Stamm mit Stamm vereine und es so erreiche, dass
    wir glücklich sind.
Wozu brauchst du noch Kinder? Mir dagegen tut es gut,
Wenn ich durch neue Kinder jenen nütze, die mir schon geboren sind.
Das sollte schlecht geplant sein? Das behauptest du,
570 Weil dich das Bett der Fremden quält.
So seid ihr Frauen: Wenn die Ehe stimmt,
Dann glaubt ihr, dass euch nichts mehr fehlt.
Wenn aber etwas eintrifft, was die Harmonie zerstört,
Soll plötzlich das, was gut und schön ist, schädlich sein.
580 Ach wäre es doch möglich, dass die Menschen sich die Kinder anderswo
Besorgen, dass es das Geschlecht der Weiber gar nicht gibt,
Dann bliebe allen Sterblichen viel Leid erspart.

CHOR
Du hast zwar, Jason, deine Rede schön geschmückt,
Jedoch: Ich teile deine Meinung nicht. Mir scheint,
585 Du tust ein Unrecht, wenn du deine Frau verrätst.

MEDEA
In Vielem denken viele Menschen nicht wie ich.
Ich meine: Jeder Mann, der ungerecht ist, aber gut zu reden weiß,
Verdient, dass ihn die schlimmste Strafe trifft.
Indem er mit der Zunge prahlt und so sein ungerechtes Tun verhüllt,
590 Begeht er frech die größte Freveltat.
In Wahrheit ist er aber nicht so klug, wie er sich dünkt.
Und das gilt auch für dich. Gib doch nicht vor, du seist mir wohlgesinnt,
Und spiele dich nicht als ein großer Redner auf. Ein Wort von mir genügt,
Und schon liegst du am Boden: Hätte es sich nicht gehört,

595 Dass du zuerst versuchst – wenn du kein schlechter Mensch
Sein wolltest – mich zu überzeugen, dann erst heiratest,
Und dass du es nicht heimlich tust?

JASON
Du hättest sicher freudig meinen Plan begrüßt, wenn ich
Ihn dir eröffnet hätte. Du bezwingst ja jetzt noch immer nicht
600 Den großen Groll, der dich beherrscht.

MEDEA
Was du bisher gesagt hast, das war nicht der Grund
Der neuen Hochzeit. Nein, es schien dir wenig ehrenvoll,
Auch noch im Alter Ehemann von einer Frau zu sein,
Die keine Griechin ist.

JASON
605 So glaub mir doch. Nicht wegen einer neuen Frau
Bin ich die Ehe eingegangen mit der Königstochter, der ich nun ver-
bunden bin.
Ich wollte dich – ich wiederhole es -
Erretten und den Kindern Brüder zeugen königlichen Bluts
Als Schutz für mein Geschlecht.

MEDEA
610 Ich wünsche mir kein Leben, das nach außen glücklich scheint,
Doch das mich traurig macht, und keinen Reichtum, der die Seele quält.

JASON
Soll ich dir sagen, wie du besser wünschen, wie du weiser werden kannst?
Dein Wunsch sei, dass das Nützliche dir nie als Schmerzliches erscheint,
Dass du dich nie, lebst du im Glück, vom Glück verlassen wähnst.

MEDEA

615 Verhöhn mich nur, da du ja eine Zuflucht hast,
Indessen ich, alleingelassen, dieses Land verlassen muss.

JASON

Du hast gewählt. Gib keinem anderen die Schuld.

MEDEA

Was habe ich getan? Dich erst zur Frau genommen, dann an dir Verrat
geübt?

JASON

Die Herrscher hast du frevelhaft verflucht.

MEDEA

620 Ein Fluchgeist will auch ich für dein Haus sein.

JASON

Ich streite jetzt nicht mehr mit dir.
Sage doch einfach, ob du für die Flucht, für deine Kinder etwas brauchst.
Aus meinen Mitteln gebe ich dir gerne reichlich, was du willst.
Die Freunde in der Fremde will ich bitten, dass sie dir behilflich sind.
625 Und nimmst du das nicht an, so bist du töricht, Frau.
Lass ab von deinem Zorn! Es wird dein Vorteil sein.

MEDEA

Ich brauche deine Freunde nicht,
Und du musst mir nichts geben, denn ich nehme nichts.
Denn Gaben eines schlechten Mannes bringen nie Gewinn.

JASON

630 So rufe ich die Götter jetzt als Zeugen an:

Obwohl ich dir und deinen Kindern jeden Dienst erweisen will,
Missfällt dir selbst noch das, was gut ist, und mit starrem Sinn
Stößt du die Freunde weg. Dein Lohn wird noch mehr Leiden sein.

MEDEA
Geh weg! Man sieht: Dich packt die Sehnsucht nach der jungen Frau.
635 Du bist schon eine viel zu lange Zeit von ihr getrennt.
Genieße deine Ehe. Denn es kommt vielleicht einmal die Zeit,
Dass Gott mir hilft und dich die Ehe reut.

2. STASIMON – CHOR

1. STROPHE
Liebe, die allzu heftig
kommt, bringt den Männern
640 nicht guten Ruf und nicht Tugend.
Wenn sie aber maßvoll kommt,
Kypris, ist keine andere Göttin so voller Anmut.
Niemals, Göttin, sende auf mich von deinem goldenen Bogen
den Pfeil, in Liebessehnsucht getaucht, unentrinnbar.

1. GEGENSTROPHE
645 Besonnenheit möge mich leiten,
das schönste Geschenk der Götter.
Niemals möge zu hadernder Leidenschaft
und unersättlichem Streit
die mächtige Kypris mich reizen, dass ich mich
650 auf fremde Betten stürze. Friedliche Ehe achtend,
möge sie scharfsinnig richten über die Ehen der Frauen.

2. STROPHE

Vaterland, Elternhaus, nie
möge ich heimatlos werden,
hilflos wandelnd
655 auf schwerer Lebensbahn
voll furchtbarer Qualen.
Eher soll der Tod, der Tod mich bezwingen,
bevor ich diesen Tag erleben muss.
Kein Leid ist größer,
660 als ohne Vaterland zu sein.

2. GEGENSTROPHE

Wir haben es selbst gesehen, nicht von anderen
erfahren, was ich berichte:
Keine Stadt, kein Freund
hat sich deiner erbarmt, als du
665 schrecklichste Leiden littest.
Unbelohnt gehe zugrunde, wer Freunde
nicht ehrt, wer das Schloss
seines reinen Herzens nicht öffnet. Mir
wird er niemals ein Freund sein.

3. EPEISODION

AIGEUS
670 Medea, freue dich! Das ist der schönste Gruß,
Mit dem man einen Freund begrüßt.

MEDEA
Auch dir entbiete ich den Gruß der Freude, Aigeus, Sohn
Pandions, eines weisen Vaters. Welcher Weg führt dich in dieses Land?

AIGEUS
Ich komme von Apolls Orakelstätte, seinem alten Heiligtum.

MEDEA
675 Was hat dich zu dem Erdennabel, dem Orakelort, geführt?

AIGEUS
Zu fragen, wie ich Kinder zeugen kann.

MEDEA
O Götter, war dein Leben bisher kinderlos?

AIGEUS
Ein Daimon hat es so gefügt.

MEDEA
Obwohl du eine Frau hast, oder lebst du unvermählt?

AIGEUS
680 Das Ehebett verbindet uns.

MEDEA
Wie lautet nun Apolls Bescheid, was deine Kinder anbetrifft?

AIGEUS
Die Worte waren für den menschlichen Verstand zu klug.

MEDEA
Darf ich erfahren, wie der Spruch gelautet hat?

AIGEUS
Gewiss, denn ihn zu deuten, braucht man einen klugen Kopf.

MEDEA

685 Was hat der Gott gesagt? Ich höre, wenn ich hören darf.

AIGEUS

Dass ich auf keinen Fall des Schlauches Zipfel öffnen soll.

MEDEA

Bevor du was tust oder welches Land erreichst?

AIGEUS

Bevor ich wieder an den väterlichen Herd gekommen bin.

MEDEA

Warum hat dich ein Schiff in dieses Land gebracht?

AIGEUS

690 Ein Mann mit Namen Pittheus ist der Herrscher von Troizen.

MEDEA

Ein Sohn des Pelops, wie man sagt, ein äußerst frommer Mann.

AIGEUS

Er soll erfahren, was der Gott verkündet hat.

MEDEA

Der Mann ist weise und mit solchen Fragen wohlvertraut.

AIGEUS

Ich schätze keinen meiner Kampfgenossen so wie ihn.

MEDEA

695 Ich wünsche dir viel Glück und viel Erfolg.

Aigeus
Warum sind deine Augen so verweint, bist du so abgehärmt?

Medea
Der Allerschlechteste, das ist mein Mann.

Aigeus
Wie meinst du das? Erzähle mir genau, was dich betrübt.

Medea
Er fügt mir Leid zu, ohne dass er Leid von mir erlitten hat.

Aigeus
700 Was hat er dir getan? Erzähl es mir genau.

Medea
Er hat gerade eine Frau als Herrin seines Hauses über mich gesetzt.

Aigeus
Er hat dir eine solche Schande angetan?

Medea
Dass du es weißt: Ich bin von ihm entehrt, so lieb ich ihm auch früher war.

Aigeus
Liebt er die neue Gattin, oder hasst er dich, das Bett mit dir?

Medea
705 Es ist die große Liebe. Treue zu den Seinen kennt er nicht.

Aigeus
So lass ihn gehen, wenn er doch so schlecht ist, wie du sagst.

MEDEA

Die Liebe zielt darauf, dass er der Schwiegersohn des Königs wird.

AIGEUS

Wer gibt ihm diese Möglichkeit? Erzähle weiter, bis ich alles weiß.

MEDEA

Kein anderer als Kreon, dieses Landes Herr.

AIGEUS

710 Frau, ich verstehe gut, dass du so traurig bist.

MEDEA

Ich bin am Ende. Und zu allem Unglück werde ich auch noch verjagt.

AIGEUS

Von wem? Da nennst du eine neue Freveltat.

MEDEA

Von Kreon. Er vertreibt mich und verbannt mich aus Korinth.

AIGEUS

Und Jason lässt das zu? Das heiße ich nicht gut.

MEDEA

715 Dem Wort nach wehrt er sich, tatsächlich fügt er sich.
Ich flehe zu dir und ich bitte dich bei deinen Knien, bei deinem Kinn
Um deine Unterstützung, deinen Schutz:
Erbarme dich, erbarme dich der Elenden,
Lass es nicht zu, dass man mich hilflos aus dem Land verstößt,
720 Und nimm mich auf in deinem Land, in deinem Haus, an deinem Herd.
Die Götter mögen helfen, dass sich dir dein Kinderwunsch erfüllt,

Du mögest glücklich leben bis zu deinem Tod.
Du kennst noch nicht das Glück, das du in mir gefunden hast:
Durch mich wird deine Kinderlosigkeit sehr bald beendet sein.
725 Ich werde es bewirken, dass du Kinder zeugst,
Denn solche Mittel kenne ich sehr gut.

AIGEUS
Aus vielen Gründen werde ich dir gerne diese Gunst
Erweisen, Frau, zuerst aus Frömmigkeit,
Dann um der Kinder willen, die du mir verheißt.
730 Denn dass ich Kinder habe, ist mein größter Wunsch.
Und so will ich es halten: Kommst du in mein Land,
Dann wird es meine Sorge sein, dass du als Gast
Dort aufgenommen wirst, wie es das Recht verlangt.
Doch will ich dir auch dieses deutlich sagen, Frau:
735 Dazu, dich aus dem Land zu führen, bin ich nicht bereit.
Kommst du von dir aus in mein Haus,
Wird dir Asyl gewährt, und keinem Menschen gebe ich dich preis.
Verlasse selbst das Land. Was mich betrifft, verspreche ich:
Ich werde fremden Gästen gegenüber ohne jeden Tadel sein.

MEDEA
740 So soll es sein. Doch gäbest du mir eine Garantie dafür,
Dann wären meine Wünsche ganz und gar erfüllt.

AIGEUS
Vertraust du mir nicht, oder wovor hast du Angst?

MEDEA
Ich glaube dir. Doch ist das Haus des Pelias, ist Kreon mir ein Feind.
Und wenn du dich dadurch, dass du es schwörst, gebunden weißt,
745 Wirst du verhindern, wenn mich einer aus Athen entführen will.

Versprichst du es mir nur und leistest keinen Eid,
So könnte es leicht sein, dass du ihr Freund wirst und dich ihnen beugst;
Denn ich bin schwach,
Und sie sind reich und haben königliche Macht.

AIGEUS
750 Von kluger Vorsicht zeugt, was du da sagst.
Ich weigere mich nicht zu tun, was du verlangst.
Es ist für mich am sichersten,
Wenn ich den Feinden, die du hast, beweisen kann,
Dass ich im Recht bin. So gewinnst auch du die größte Sicherheit.
755 Nun sage mir, bei welchen Göttern ich denn schwören soll.

MEDEA
Bei Gaia und bei meinem Ahnherrn Helios,
Und füge die gesamte Zahl der Götter noch hinzu und schwöre mir, ...

AIGEUS
So sprich: Was ist zu lassen, was zu tun?

MEDEA
Versprich, dass du mich niemals selbst aus deinem Land vertreibst
760 Und es auch niemals ohne Zwang erlaubst, solange du am Leben bist,
Wenn einer meiner Feinde mich entführen will.

AIGEUS
Ich schwöre bei der Gaia und dem hellen Licht
Des Helios und allen Göttern, das zu tun, was du verlangst.

MEDEA
Genug. Was soll dich treffen, brichst du diesen Eid?

AIGEUS

765 Was denen widerfährt, die gottlos sind.

MEDEA

So lebe wohl und setze deine Reise fort. In allem steht es nämlich gut.
Ich komme möglichst schnell in deine Stadt,
Sobald, was ich jetzt plane, ausgeführt und das geglückt ist, was ich will.

CHOR

Also möge dich nun der geleitende Gott, der Maia Sohn, Hermes,
770 In die Heimat geleiten. Du mögest vollbringen,
Wonach du dich sehnst. Denn du hast dich uns, Aigeus,
Als ein edler Mann erwiesen.

MEDEA

O Zeus und Dike, Kind des Zeus, und Helios' Licht,
Der Feind wird jetzt besiegt, ihr Freundinnen,
775 Und wir sind auf dem rechten Weg zum Ziel.
Jetzt gibt es Hoffnung, dass die Feinde Strafe treffen wird.
Denn dieser Mann erschien mir in der größten Not
Als Hafen meines Plans.
780 Sobald wir in der Stadt und Burg Athenas angekommen sind,
Wird gleich das Hecktau an ihm festgemacht.
Erfahrt nun meinen Plan. Doch er erfreut euch sicher nicht.
Aus meiner Dienerschaft wird eine Frau zu Kreons Haus gesandt.
Sie soll den Jason bitten, dass er zu mir kommt.
785 Ich schmeichle ihm und sage ihm, wenn er erscheint,
Dass ich der Meinung bin wie er und dass es richtig war,
Dass er sich aus dem Königshaus die Frau genommen hat –
Für die er mich verriet.
Es sei so nützlich, und es sei so gut bedacht.
790 Nur um das Eine bitte ich, dass er die Kinder nicht vertreibt,

Doch nicht, damit ich meine Kinder hier in Feindesland
Der Willkür meiner Gegner überlasse, nein,
Damit durch List des Königs Kind getötet wird.
Die Kinder gehen mit Geschenken in den Händen zu der Braut,
795 Damit sie ihnen hier im Land zu bleiben die Erlaubnis gibt.
Geschenke sind ein fein gewebtes Kleid sowie ein Kranz aus reinem Gold.
Nimmt sie den Schmuck und legt ihn an,
Dann wird sie grässlich enden, und ein jeder ebenso, der sie berührt.
Mit solchen Zaubermitteln werden die Geschenke übertüncht.
800 Genug davon. Ich weine, wenn ich denke, was ich dann vollbringen muss.
Die Kinder töte ich, mein Blut, und keine Rettung gibt es vor dem Tod.
Erst, wenn das Haus des Jason ganz vernichtet ist,
Verlasse ich das Land und fliehe vor dem Ort,
An dem die toten Kinder liegen, Zeugen einer äußerst frevelhaften Tat.
805 Doch ich ertrage nicht, dass mich der Feind verlacht.
Sei's drum. Was nützt das Leben mir? Kein Vaterland,
Kein Vaterhaus, und nirgends Rettung vor der Tat.
Den Fehler habe ich gemacht, als ich mein Vaterhaus verließ.
Den Worten eines Griechen habe ich geglaubt,
810 Der nun mit Gottes Hilfe dafür Buße zahlen wird.
Nie mehr wird er die Kinder lebend sehen, die ich ihm gebar,
Noch wird er je ein Kind bekommen von der neuvermählten Frau,
Da sie, so übel, wie sie ist, durch Gift auch übel sterben wird.
Es soll mich niemand für verächtlich halten und für schwach,
815 Und nicht für eine, die die Frevel nicht bestraft. So bin ich nicht.
Den Feinden bin ich furchtbar, Freunden wohlgesinnt.
Denn nur das Leben solcher Menschen erntet höchsten Ruhm.

CHOR
Du hast uns deine Pläne mitgeteilt.
Ich will dir helfen. Doch ich trete auch zugleich
820 Für das Gesetz der Menschen ein und rate dir: Tu's nicht.

MEDEA

Es geht nicht anders. Aber ich verzeihe dir,
Was du gesagt hast. Denn du leidest nicht wie ich.

CHOR

Die du geboren hast, zu töten, wirst du auf dich nehmen, Frau?

MEDEA

So wird mein Mann am furchtbarsten gequält.

CHOR

825 Du selber wirst am meisten von dem Leid getroffen sein.

MEDEA

Sei's drum. Umsonst ist alles, was ihr sagt.
(Zu einer Dienerin)
Du geh zu Jason, bringe ihn hierher.
Ich wähle dich für alles, was vertraulich ist.
Von dem, was hier beschlossen worden ist, verrätst du nichts,
830 Wenn du der Herrschaft wohlgesonnen bist
Und wenn du dich als Frau erweist.

3. STASIMON

1. STROPHE

Erechteus' Söhne, gesegnet seid ihr seit alter Zeit,
und Kinder seid ihr der seligen Götter,
heilig und unzerstörbar ist euer Land,
835 von hochgepriesener Weisheit nährt ihr euch,
schreitet sanft durch die reinste Luft des Äthers.
Hier gebar einst, wie man sagt, die blonde

Harmonia die neun heiligen pierischen Musen.

1. GEGENSTROPHE

Aus des schön strömenden Kephisos Strom
840 hat, wie es heißt, Kypris geschöpft
und über das Land maßvolle sanfte
Lüfte gehaucht. In die Haare sich
ein Geflecht duftender Rosenblüten windend,
sendet sie stets ihre Eroten, die Weisheit zu begleiten.
845 Wo Tugend sich zeigt, wirken sie mit.

2. STROPHE

Wie wird die Stadt der heiligen Ströme,
wie das Land, das die Gastfreunde
ehrt, dich,
die Mörderin ihrer Kinder, aufnehmen,
850 die Ruchlose, so dass du mit den anderen zusammenwohnst?
Erwäge die Tötung der Kinder,
erwäge die blutige Tat, die du auf dich nimmst.
Bei deinen Knien flehen wir dich an
Auf jegliche Art, auf jegliche Weise:
855 Töte die Kinder nicht!

2. GEGENSTROPHE

Woher nimmst du die Verwegenheit,
die dir den furchtbaren Mut verleiht,
die Kindestötung zu planen und auszuführen?
Wie wirst du deine Augen
860 auf die Kinder richten und das unbarmherzige
Schicksal ertragen, sie zu töten? Du bringst es nicht über dich,
wenn die Kinder flehend vor dir knien,
deine Hand in ihr Blut zu tauchen

mit einem Herzen, das alles erträgt.

4. Epeisodion

Jason

865 Du hast mich rufen lassen, und so bin ich hier.
Bist du mir auch nicht wohlgesinnt,
So will ich trotzdem deinen Wunsch erfüllen. Lass mich hören, Frau,
Wenn du um etwas Neues bitten willst.

Medea

Ich bitte, Jason, dich, verzeihe mir,

870 Was ich dir vorgeworfen habe. Ich war zornig. Aber dass du meinen Zorn
erträgst,
Gehört sich doch. Verdanken wir einander denn nicht viel?
Ich habe mich geprüft
Und habe mich gescholten: „Törin, warum rase ich
Und zürne denen, deren Rat vernünftig ist,

875 Verhalte mich zu denen feindlich, die die Herrscher dieses Landes sind,
Und auch zu meinem Gatten, der nur tut, was uns am meisten nützt?
Er heiratet die Königstochter, und er zeugt
Für meine Kinder Brüder. Werde ich denn nie von meinem Zorn
Befreit? Was tue ich? Die Götter sorgen gut für uns.

880 Ich habe schließlich Kinder. Weiß ich nicht,
Dass wir verbannt und ohne Freunde sind?"
So habe ich gedacht und eingesehen, dass ich schlecht beraten war
Und zornig ohne Grund.
Nun werde ich dich loben: Was du tust, ist klug,

885 Dass du für uns Verwandte aus dem Königshaus gewinnst,
Und unklug handle ich:
Dass ich den Plan, den du gefasst hast, unterstütze, hätte sich gehört,

Dass ich mit dir zusammenwirke und die Ehe fördere
Und deine Braut umsorge, eine angenehme Pflicht.
890 Wir sind nun einmal, wie wir sind, – ich will nicht sagen: schlecht -,
Halt Frauen. Gleiche du dich nicht den Schlechten an
Und zahle nicht die Torheit mit der Torheit heim.
Ich gebe nach und sage: Schlecht war ich gesinnt.
Jetzt habe ich mir deine Pläne besser klargemacht.
895 Ihr Kinder, Kinder, kommt zu mir heraus,
Verlasst das Haus, begrüßt den Vater, sprecht ihn an wie ich,
Vergesst die Feindschaft gegenüber Menschen, die mit uns befreundet
sind.
Das will auch eure Mutter tun.
Es herrscht nun wieder Frieden zwischen uns, beendet ist der Zorn.
900 Ergreift die rechte Hand des Vaters. Weh, mir wird das Leid bewusst,
Das noch verborgen ist.
Ihr Kinder, wird es lange noch so bleiben, dass ihr lebt
Und eure Arme mir entgegenstreckt? Weh mir,
Wie elend bin ich, wie den Tränen nah und voller Furcht.
905 Den Streit mit eurem Vater habe ich nun endlich beigelegt,
Und deshalb rinnen mir die Tränen über das Gesicht.

CHOR
Auch mir ergoss sich aus den Augen eine Tränenflut.
Ach, wenn doch nur das Unglück nicht noch größer wird, als es schon ist.

JASON
Ich lobe deinen Sinneswandel, Frau, und tadle nicht,
910 Was du zuvor gesagt hast. Denn dass eine Frau dem Gatten zürnt,
Wenn der sich insgeheim mit einer anderen vermählt,
Das ist natürlich. Doch nun hast du dich bekehrt und hast erkannt,
Wenn auch erst spät, dass meinem Plan der Sieg gebührt.
So denkt die Frau, wenn sie vernünftig ist.

915 Auf euer Wohl, ihr Kinder, war der Vater sehr bedacht,
Die Götter halfen ihm dabei.
Zusammen mit den Brüdern werdet ihr hier in Korinth
Einmal den ersten Platz einnehmen – davon bin ich überzeugt.
So wachst heran. Für das, was sonst noch zu bedenken ist,
920 Sorgt euer Vater und mit ihm der Gott,
Der uns sein Wohlgefallen schenkt.
Ich möchte sehen, wie ihr ausgebildet werdet und
Zu starken Männern reift und allen meinen Feinden überlegen seid.
Und du, warum sind deine Augen plötzlich feucht von einem Tränen-
strom,
925 Warum drehst du die bleiche Wange von mir fort,
Warum nimmst du, was ich dir sage, nicht mit Freude auf?

MEDEA
Nur darum, weil ich in Gedanken bei den Kindern war.

JASON
Sei guten Mutes. Für die Kinder sorge ich.

MEDEA
Ich weiß es. Ich vertraue deinem Wort.
930 Wir Frauen sind nun einmal schwach, die Tränen fließen schnell.

JASON
Warum bereitet dir das Schicksal dieser Kinder solchen Schmerz?

MEDEA
Ich habe sie zur Welt gebracht. Als du den Wunsch geäußert hast,
Sie mögen leben, überkam mich sorgenvolle Wehmut, ob es wirklich
so geschehen wird.
Genug davon. Was nun die Worte anbetrifft,

935   Um derentwillen du hierhergekommen bist,
So ist davon der erste Teil gesagt, den zweiten höre jetzt.
Da mich der König aus dem Land vertreiben will,
Verlasse ich Korinth.
Ich weiß sehr wohl, dass es für ihn sowie für mich am besten ist,
940   Nicht dem, der herrscht, im Weg zu sein, und auch nicht dir.
Ich stehe nämlich in dem Ruf, dem Herrscherhaus nicht wohlgesinnt
    zu sein.
Für diese Kinder aber bitte du den Kreon, dass er sie im Land hier lässt
Und du dich um sie sorgen kannst.

JASON
Ich werde es versuchen. Ob es mir gelingt, das weiß ich freilich nicht.

MEDEA
945   So trage deine Frau dem Vater diese Bitte vor,
Dass er die Kinder nicht vertreibt.

JASON
Gewiss. Ich denke schon, dass ich sie dazu überreden kann.

MEDEA
Wenn deine Frau so ist, wie alle Frauen sind,
So will ich dir bei dieser Mühe gern behilflich sein.
950   Ich werde ihr Geschenke senden, die weitaus die schönsten sind,
Die Menschen kennen, das weiß ich genau:
Ein fein gewebtes Kleid und einen Kranz aus Gold.
Die Kinder werden sie ihr überreichen. Jetzt soll eine Dienerin
955   So schnell wie möglich dafür sorgen, dass der Schmuck in meine Hände
    kommt.
Die Königstochter wird sich glücklich preisen, und nicht einmal nur,
Nein, tausendfach: Bekommt sie doch mit dir den besten Mann

Und außerdem den Schmuck, den Helios,
Des Vaters Vater, seinen Erben hinterlassen hat.
960 Nehmt diese Hochzeitsgaben, Kinder, in die Hand
Und bringt sie in das Königshaus der jungvermählten Frau,
Die wahrlich glücklich ist. Was sie empfängt, das ist nicht tadelnswert.

JASON
Warum, du Törin, gibst du diese Schätze aus der Hand?
Meinst du, das Haus des Herrschers sei so arm an Kleidern und an Gold?
965 Behalte sie und schenke sie nicht her.
So wahr die Frau mich schätzt,
So wahr, das weiß ich, zieht sie mich dem Reichtum vor.

MEDEA
Das sage nicht; denn Gaben überreden selbst die Götter, wie es heißt,
Und Menschen schätzen Gold viel mehr,
970 Als wenn man tausend Worte spricht.
Auf ihrer Seite ist das Glück, und eine Gottheit schenkt ihr ihre Gunst,
Sie ist die Herrscherin, die junge Frau.
Ich würde gern mit meinem Leben statt mit Gold
Bezahlen, würden meine Kinder nicht verbannt.
975 Ihr Kinder, geht nun in das reiche Haus
Und fleht die junge Frau des Vaters, meine Herrin, an
Und bittet sie, dass man euch bleiben lässt,
Und reicht ihr so den Schmuck – denn darauf kommt es an -,
Dass sie ihn selbst in ihre Hände nimmt.
980 Beeilt euch, geht so schnell wie möglich, habt Erfolg
Und meldet eurer Mutter: Das, was sie erstrebt hat, habe sie erreicht.

4. STASIMON – CHOR

1. STROPHE

Nun habe ich keine Hoffnung mehr für das Leben der Kinder,
keine Hoffnung. Sie sind schon auf dem Weg in den Tod.
Gleich wird die junge Frau den unheilvollen goldenen Kranz
985 empfangen, gleich wird sie, die Unglückliche, ihn empfangen.
Den Schmuck des Hades wird sie mit ihren eigenen Händen
auf ihr blondes Haar setzen.

1. GEGENSTROPHE

Verleiten werden sie der Reiz und der göttliche Glanz,
990 sich das Kleid und den goldenen Kranz anzulegen.
Für die, die in der Unterwelt leben,
schmückt sie sich als Braut. Solchem Trug wird sie verfallen,
solchem Todesschicksal, die Arme.
995 Dem Verhängnis wird sie nicht entrinnen.

2. STROPHE

Du aber, Elender, Unglücksbräutigam,
Verwandter des Königs,
unwissentlich verhängst du über das Leben deiner Kinder Verderben
und über deine Gattin furchtbaren Tod.
1000 Unseliger, wie wenig weißt du vom Schicksal.

2. GEGENSTROPHE

Und deinen Schmerz beklage ich, unglückliche Mutter
der Söhne, die du wegen eines Brautbetts
deine Kinder töten wirst,
die dein Gatte wider Brauch und Sitte verlassen hat.
1005 Einer anderen wohnt er nun im Bett bei.

5. Epeisodion

ERZIEHER (Er kehrt mit den Kindern zurück.)
Die Kinder, Herrin, werden nicht verbannt.
Die königliche junge Frau nahm die Geschenke eigenhändig voller
    Freude in Empfang.
Die Kinder können nun beruhigt sein.

MEDEA
Weh mir!

ERZIEHER
Warum bist du verstört? Du hast Erfolg.
1010 Du drehst dich um? Aus welchem Grund?
Warum hörst du nicht freudig meine Botschaft an?

MEDEA
Weh mir!

ERZIEHER
Die Klage stimmt mit meiner Nachricht gar nicht überein.

MEDEA
Ach weh! Und nochmals weh!

ERZIEHER
Enthält die Meldung eine Unglücksbotschaft, und ich weiß es nicht?
Ich glaubte, dass ich eine frohe Botschaft bringe. War das falsch?

MEDEA
1015 Du hast gemeldet, was du musstest. Dich zu tadeln, gibt es keinen Grund.

ERZIEHER
Warum schlägst du die Augen nieder, brichst in Tränen aus?

MEDEA
Ich muss das tun, du alter Mann. Die Götter haben dies –
Ich habe dies ins Werk gesetzt, es war nicht klug von mir.

ERZIEHER
Sei guten Mutes. Denn es kommt die Zeit,
1020 Da kehrst auch du dank deiner Kinder heim.

MEDEA
Ich führe vorher andere noch heim, ich arme Frau.

ERZIEHER
Du bist doch nicht die Einzige, die man von ihren Kindern trennt.
Als Mensch muss man gelassen das ertragen, was das Schicksal bringt.

MEDEA
Das will ich. Gehe du ins Haus
1025 Und sorge für die Kinder so, wie du es immer tust.
Ach, Kinder, Kinder, euch erwartet eine Stadt,
Ein Haus, in dem ihr, wenn ihr mich verlassen habt,
Mich Arme, dann für immer wohnen werdet, fern
Von eurer Mutter. Denn ich werde in ein fremdes Land verbannt,
1030 Bevor ich mich an euch erfreuen durfte und euch glücklich sah,
Bevor ich noch die Braut, das Ehebett
Gebührend schmücken konnte und die Hochzeitsfackeln trug.
Ach, ich Arme, ich, in meinem starren Sinn.
Ich habe euch umsonst, ihr Kinder, großgezogen, habe mich umsonst
1035 Gequält, umsonst in Mühen abgehärmt
Und schlimme Schmerzen ausgehalten, als ich euch gebar.

Ich habe große Hoffnungen in euch gesetzt,
Ich arme Frau. Ich hoffte, dass ihr mich im Alter pflegt
1040 Und, bin ich tot, mit euren Händen, wie es sich gehört, begrabt.
Das wünscht sich jeder Mensch. Sie ist dahin,
Die süße Illusion. Ich werde ohne euch
Ein Leben führen, das mit Trauer und mit Schmerzen angefüllt sein wird.
Mit euren Augen werdet ihr die Mutter niemals mehr
1045 Erblicken. Ihr geht fort in eine Lebensform, die anders ist als diese hier.
Ach, ach, wie blickt ihr Kinder mich mit euren Augen an?
Wie lächelt ihr ein letztes Mal?
Weh, Frauen, weh, was soll ich tun? Ist doch mein Mut dahin,
Da ich die Augen meiner Kinder strahlen sah.
1050 Ich kann es nicht. Hinweg, du alter Racheplan!
Ich nehme meine Kinder mit auf meiner Flucht aus diesem Land.
Was soll ich denn, damit das Leiden dieser Kinder ihren Vater schmerzt,
Selbst doppelt so viel Leid erdulden? Nein, das will ich nicht.
Hinweg, du Plan!
1055 Jedoch, was sind das für Gedanken? Will ich, dass man mich verlacht
Und dass das Unrecht meiner Feinde ohne Strafe bleibt?
Ich muss es wagen. Nein, ich darf nicht zaghaft sein,
Es nicht erlauben, dass die Feigheit meinen Willen schwächt.
Ihr Kinder, geht ins Haus. Wer aber meint, es sei nicht recht,
1060 Dabei zu sein, wenn hier geopfert wird,
Der möge sich entfernen. Meine Hand ist stark und wird nicht lahm.
Ach, du, mein Herz, du liebst die Kinder, tu das nicht,
Lass sie am Leben, ach, du Arme, schone sie.
Sie werden mit dir in der Fremde leben und dir eine Freude sein.
1065 Nein, bei den Rachegeistern in der Unterwelt,
Ich werde niemals meine Kinder ohne Schutz vor Schimpf
Den Feinden überlassen. Ihnen ist der Tod bestimmt.
Und da es unvermeidlich ist, will ich sie töten, da ich sie gebar.
Es ist nicht mehr zu ändern, es steht fest.

1070 Das Haupt trägt schon den Kranz, sie stirbt schon in dem Kleid,
Die königliche Frau. Das weiß ich zweifelsfrei.
So gehe ich denn jetzt den jammervollsten Weg
Und schicke sie auf einen, der noch jammervoller ist.
Ich will zu meinen Kindern sprechen. Kinder, gebt mir eure rechte Hand,
1075 Damit ich zärtlich Abschied nehmen kann.
Geliebte Hand, geliebter Mund,
Du, edles Antlitz meiner Kinder, eures Körpers Form,
Seid glücklich, dort. Das Hier
Hat euer Vater euch genommen. Haltet mich umarmt,
1080 O süßer Kinderatem, weiche Haut.
Geht! Mich verlässt die Kraft,
Euch anzuschauen. Mich besiegt der Schmerz,
Und ich begreife, welches Leid ich mir jetzt antun will.
Nein, meine Liebe ist doch stärker als mein Racheplan,
1085 Wenn das Gefühl den Menschen auch die größten Übel bringt.

CHOR
Ich habe schon oft
die Gedanken feiner gesponnen
und größeren Eifer im Wettstreit gezeigt,
als es Frauen geziemt im Bemühen um Wahrheit.
1090 Aber auch uns gehört die Muse.
Sie sucht uns auf um der Weisheit willen.
Nicht alle Frauen sind musisch begabt.
Doch einige kann man durchaus in der großen Zahl
wohl finden, die nicht unmusisch sind.
1095 Ich sage: Die Menschen,
die keine Erfahrung mit Kindern haben,
die keine Kinder geboren haben,
übertreffen an Glück alle Eltern.
Die Kinderlosen wissen nicht,

1100 ob Kinder den Menschen Freude bringen
oder Leid – sie haben keine Kinder -.
Es bleiben ihnen viele Mühen erspart.
Aber die, denen süßer Kindersegen
aufwächst in ihrem Haus, die sehe ich
1105 ihr Leben lang von Kummer verzehrt.
Zuerst, da machen sie sich Sorgen, wie sie die Kinder am besten erziehen
und wie sie es schließlich ermöglichen können,
ihnen ein Erbe zu hinterlassen.
Und dann ist es ungewiss,
1110 ob sie sich nun für Ungeratene abmühen oder für Tüchtige.
Ein weiteres Übel will ich noch nennen,
es ist für uns Menschen von allen das Schlimmste:
Die Kinder sind gut versorgt,
sie sind erwachsen geworden und wohl geraten.
1115 Wenn es jedoch ein Daimon so fügt,
trägt der Tod die Leiber der Kinder fort in den Hades.
Wozu erlegen die Götter zu all den anderen Lasten
den Menschen noch dieses Leid auf, das schmerzlichste,
um die eigenen Kinder zu trauern?

MEDEA

1120 Ihr Freundinnen, schon lange warte ich darauf,
Zu hören, ob mein Plan gelungen ist.
Ich möchte wissen, was sich dort ereignet hat.
Da sehe ich gerade einen Mann aus Jasons Dienerschaft
Sich nähern. Unerhörtes neues Leid
1125 Wird er uns melden, wie sein aufgeregtes Atmen deutlich zeigt.

BOTE

Welch grauenvolle Tat hast du verbrecherisch vollbracht,
Medea. Fliehe, fliehe, wie auch immer: mit dem Schiff,

76

Dem Wagen, der dir auf dem Landweg Rettung bringt.

MEDEA

Was ist es, das die Flucht für mich so dringlich macht?

BOTE

1130 Soeben ist die königliche junge Frau gestorben, und mit ihr
Der Vater, Kreon, durch dein Gift, durch dich.

MEDEA

Das schönste Wort hast du gesagt.
Du hast dich sehr um mich verdient gemacht,
Und künftig wirst du Freund von mir genannt.

BOTE

1135 Was sagst du, bist du bei Verstand, bist du bei Sinnen, Frau?
Du freust dich zu erfahren, dass der königliche Herd
Geschändet ist? Hast du denn keine Angst?

MEDEA

Auf deine Worte könnte ich, mein Freund, so mancherlei
Erwidern. Zähme die Erregung, sprich:
1140 Wie starben sie? Denn doppelt wirst du mich
Erfreuen, wenn sie elend umgekommen sind.

BOTE

Als deine beiden Söhne hier erschienen und zusammen mit dem Paar
Ihr Vater, als sie dann das Haus der jungen Frau
Betraten, freuten wir uns, die gesamte Dienerschaft.
1145 Mit Trauer hatte uns das Leid, das du erfahren hast, erfüllt.
Sogleich ging viel Gerede hin und her von Ohr zu Ohr,
Du hättest dich mit deinem Mann versöhnt.

Der eine küsst die Hand der Kinder und ein anderer ihr blondes Haupt.
Ich selbst ging hocherfreut
1150 Mit Jason und den Kindern zu der jungen Frau.
Auf Jason fiel zuerst der liebevolle Blick
Der Herrin, der an deiner statt jetzt die Verehrung gilt.
Als sie dann deine Söhne sah,
Bedeckte sie auf einmal ihr Gesicht
1155 Und wandte ihre weiße Wange ab,
Als seien deine Kinder ihr zuwider. Dein Gemahl
Besänftigte den Zorn und Groll der Frau,
Indem er sagte: „Sei den Freunden gegenüber nicht so feindselig gesinnt,
Lass ab von deiner Wut und schau die Kinder an.
1160 Betrachte die als Freunde, die dein Mann für Freunde hält.
So nimm die Gaben an und bitte deinen Vater, dass er diesen Kindern hier
Erlaubt, im Land zu bleiben. Mir zuliebe möge er es tun."
Als sie den Schmuck erblickte, hielt sie es nicht länger aus;
Sie sagte ihrem Gatten alles zu.
1165 Und kaum hat der sich mit den Kindern aus dem Haus entfernt,
Da nahm sie schon das bunte Kleid und zog es an.
Um ihre Locken legte sie den Kranz aus Gold,
Und, in den blanken Spiegel blickend, kämmte sie ihr Haar
Und lächelte dem seelenlosen Bild des Körpers zu.
1170 Dann stand sie auf, durchmaß den Raum,
Mit nackten Füßen ging sie zierlich Schritt für Schritt.
Sie war so glücklich über die Geschenke, ohne Unterlass
Sah sie sich ständig prüfend an.
Entsetzlich war der Anblick, der sich uns auf einmal bot.
1175 Sie wechselt ihre Farbe, taumelt, geht zurück,
An allen Gliedern zitternd, und erreicht
Mit Mühe ihren Sessel, sinkt hinein.
Nur so vermeidet sie den Fall.
Da hört man plötzlich einen lauten Schrei von einer alten Dienerin

1180 Wie ein Gebet. Sie glaubte wohl, ein Gott bestrafe diese Frau im Zorn,
Vielleicht der Pan. Dann sieht sie: Weißer Schaum quillt aus dem Mund,
Es treten die Pupillen aus den Augenhöhlen, und das Blut
Ist aus der Haut gewichen. Auf den Schrei des bannenden Gebets
Folgt großes Jammern und Geheul, und aus der Dienerschaft
1185 Eilt diese zu dem Vater, jene zu dem neuvermählten Mann,
Das Leid zu melden, das die Frau betroffen hat. Das Hin und Her
Der Schritte hallte wider in dem ganzen Haus.
Schon hätte einer, der schnell läuft,
Die Strecke eines Stadions durchmessen und sein Ziel erreicht,
1190 Da schlug die Arme, die bewegungslos am Boden lag,
Die Augen auf. Sie stöhnte furchtbar, als sie zur Besinnung kam.
Denn zwei Verderben quälten sie:
Der Kranz aus Gold, der auf den Haaren lag,
Versprühte – seltsam war das anzuschauen – einen Feuerstrom,
1195 Der alles rings verbrannte. Und das fein gewebte Kleid,
Die Gabe deiner Kinder, biss sich in das weiße Fleisch der Frau,
Die qualvoll litt. Da springt sie, brennend, von dem Sessel auf,
Und schüttelt Haupt und Haare hin und her.
Sie will sich von dem Kranz befreien. Doch das Diadem aus Gold
1200 Bleibt haften. Und das Feuer flammt, da sie die Locken schüttelt,
Mehr als doppelt so stark auf. Sie fällt zu Boden, vom Geschick besiegt.
Sie ist entstellt, ist unerkennbar, nur der Vater kennt sie noch.
Da gibt es keine Augen mehr, kein wohlgebildetes Gesicht,
Vermischt mit Feuer fließt von oben Blut herab.
1205 Das Fleisch, zernagt vom unsichtbaren Gift,
Fällt von den Knochen ab wie Harz, das von den Fichtenbäumen tropft,
Ein grauenvoller Anblick. Alle haben Angst,
Den Leichnam zu berühren. Denn das Unglück schreckt uns ab.
1210 Der arme Vater war noch ahnungslos, ist plötzlich da,
Er stürzt sich auf die Tote, schreit zugleich laut auf,
Umarmt und küsst sie, spricht zu ihr: „Mein armes Kind,

Wer hat dich nur so schändlich zugerichtet, welcher Gott?
Wer hat dich mir geraubt, mir altem Mann, der ich dem Grab so nahe bin?
1215 Weh mir, wenn ich doch mit dir sterben könnte, liebes Kind!"
Als er mit Klagen und mit Jammern aufhört und versucht,
Den greisen Leib vom Boden aufzurichten, wird er von dem Kleid
Der Tochter festgehalten wie der Efeu, der sich um den Lorbeer rankt.
Ein schwerer Kampf beginnt.
1220 Er will sich hinknien, sie verwehrt es ihm.
Versucht er es gewaltsam, reißt er sich das greise Fleisch
Von seinen Knochen. Dann erlischt zuletzt die Kraft, der Arme stirbt.
Er hält dem Übel nicht mehr stand.
So liegen nun der alte Vater und das Kind tot da, einander nah.
1225 Beweinenswert ist dieses Los.
Was dich betrifft, so soll von dir hier keine Rede sein.
Du weißt am besten selbst, wie du dich vor der Strafe retten kannst.
Nicht erst seit heute weiß ich, dass der Mensch ein Schatten ist,
Und furchtlos sage ich: Wer sich für einen Weisen hält
1230 Und einen scharfen Denker, gilt zurecht als größter Tor.
Von uns, den Sterblichen, wird niemals einer wahrhaft glücklich sein.
Strömt einem Menschen Reichtum zu, bevorzugt ihn das Schicksal zwar
Vor anderen, doch wahrhaft glücklich wird er dadurch nicht.

Chor
Es scheint, dass eine Gottheit heute über Jason großes Leid
1235 Verhängt hat, und mit Recht.
Du Arme, Tochter Kreons, wir beklagen dein Geschick:
Nur weil du Jasons Frau geworden bist,
Steigst du nun in die Unterwelt hinab.

Medea
Ihr Lieben, mein Entschluss steht fest.
1240 So schnell wie möglich töte ich die Kinder, dann verlasse ich das Land.

Ich bringe meine Kinder nicht durch tatenloses Zaudern in Gefahr,
Dass eine fremde Hand sie tötet, die es nicht so gut mit ihnen meint
   wie ich.
Sie müssen sterben. Da das unausweichlich ist,
Will ich sie töten, da ich sie gebar.
1245 Auf, wappne dich, mein Herz. Was zögern wir und schrecken vor der Tat
Zurück, die furchtbar, aber unvermeidbar ist?
Du, meine arme Hand, ergreife du das Schwert, ergreife es,
Begib dich auf die Lebensbahn, die voller Leiden ist.
Verzage nicht und denke nicht daran,
1250 Wie sehr du deine Kinder liebst und wie du sie geboren hast.
Vergiss sie nur an diesem einen kurzen Tag – und dann beweine sie.
Denn wenn du sie auch tötest, trotzdem hast du sie geliebt.
Ich bin ein leidgeprüftes Weib.

5. STASIMON – CHOR

1. STROPHE

Ach, Erde und hell leuchtender
1255 Strahl des Helios, seht, seht an
das Verderben bringende Weib, bevor es
die blutgierige, mordende Hand gegen die Kinder erhebt.
Aus deinem goldenen Geschlecht, Helios,
entstammt sie. Ich fürchte,
1260 dass das Gottesblut von Menschen vergossen wird.
Zeusgeborenes Licht, hindere sie,
beruhige sie, vertreibe aus dem Haus die blutige,
unselige, Rache heischende Erinnys.

1. GEGENSTROPHE

Umsonst hast du dich um deine Kinder bemüht,

1265 umsonst hast du Kinder geboren, die du liebst, Medea,
die du den dunklen Pass der Symplegadenfelsen
durchfahren hast.
Elende, warum dringt so schwerer
Zorn in dein Herz, der dich zu hasserfülltem
1270 Mord treibt?
Schlimm ist für die Menschen hier auf Erden
Befleckung durch Verwandtenmord.
Die Götter senden als Vergeltung der Tat angemessenes Leid
auf die Häuser derer, die Menschen ihres Blutes töten.

KINDER (von innen)
1275 Weh uns!

2. STROPHE
CHOR
Horch, hörst den Schrei der Kinder, hörst du ihn?
O arme, vom Unglück verfolgte Frau.

KIND
O weh, was soll ich tun?
Wie kann ich vor der Mutter fliehen, die die Hände gegen mich erhebt?

KIND
1280 Ich weiß nicht, liebster Bruder. Jetzt entkommen wir dem Tod nicht
mehr.

CHOR
Ob ich das Haus betreten soll?
Gewiss, ich muss sie daran hindern, dass sie diesen Mord begeht.

KINDER

Ja, bei den Göttern, helft! Wir sind in Not!

Wir sind dem Schwertstreich schon ganz nah.

CHOR

1285 Du arme Frau, du wärst aus Eisen oder wärst ein Stein,

wenn du die Saat der Kinder, die du gebarst,

mit eigenen Händen töten wirst.

2. GEGENSTROPHE – CHOR

Von einer Frau nur weiß ich, von einer aus früherer Zeit,

die gegen die eigenen Kinder die Hand erhob:

1290 Ino. Die Götter hatten sie rasend gemacht,

als Hera, die Gemahlin des Zeus, sie aus ihrer Heimat vertrieb,

damit sie die Erde durchschweift.

Die Arme stürzte sich ins Meer

und büßte so die Tötung ihrer Kinder, ihre frevelhafte Tat.

1295 Vom Ufer sprang sie hinab.

Gemeinsam mit ihren Söhnen fand sie den Tod.

Gibt es etwas, das noch grauenvoller ist?

O leidgeplagtes Ehebett der Frau,

wie viele Übel hast du den Menschen schon gebracht.

EXODUS

JASON

1300 Ihr Frauen, die ihr den Bewohnern dieses Hauses nahesteht, ist sie,

Medea, die so ungeheuerlich gefrevelt hat,

Noch drinnen oder längst schon auf der Flucht?

Denn wenn sie sich nicht in die Erde eingegraben hat,

Wenn sie nicht Flügel trägt und in die Luft entschwebt,

1305 Dann wird sie von dem Königshaus bestraft.

Sie glaubt doch nicht,

Dass sie die Herrscher dieses Landes töten und dann straflos fliehen
kann?

Doch meine Sorge gilt den Kindern und nicht ihr.

Sie wird von dem bestraft, an dem sie frevelhaft gehandelt hat.

1310 Ich will das Leben meiner Söhne retten. Ich bin hier,

Damit nicht einer, der aus dem Geschlecht des Königs stammt,

Den Kindern Schlimmes antut und sich so

An ihnen für den frevelhaften Mord der Mutter rächt.

CHORFÜHRERIN

Du Armer, Jason, weißt noch nicht, wie tief du in dem Unglück steckst.

1315 Dafür sind deine Worte ein Beweis.

JASON

Was gibt es? Sinnt Medea auch auf meinen Tod?

CHORFÜHRERIN

Getötet hat die Mutter deine Kinder, eigenhändig tat sie es.

JASON

Weh mir, was sagst du da? Du richtest mich zugrunde, Frau.

CHORFÜHRERIN

Begreife doch: Die Kinder sind nicht mehr am Leben, sie sind tot.

JASON

1320 Wo hat die Mutter sie getötet? Draußen oder drinnen in dem Haus?

CHORFÜHRERIN

Wenn du die Tore öffnest, siehst du deine Kinder – tot.

JASON

So löst die Riegel von den Toren, Diener, schnell,
Und reißt die Pflöcke aus dem Boden, dass ich es erblicke, dieses Leid,
Das zweifach ist: Die Toten und die Frau, die ihre Taten büßen wird.

MEDEA (im Wagen des Helios über den Köpfen Jasons und des Chors)
1325 Was rüttelst du an diesem Tor und brichst es auf
Und suchst die Toten und suchst mich, die Mörderin?
Bemühe dich nicht weiter. Sage, wenn du etwas von mir willst.
Du wirst mich niemals mehr
Mit deiner Hand berühren. Diesen Wagen hat mir Helios geschenkt,
1330 Der Vater meines Vaters. Er wird mir ein Schutz sein gegen jeden Feind.

JASON

Du Scheusal, Weib, die du wie keine Frau auf dieser Welt
Gehasst wirst von den Göttern, allen Menschen und von mir,
Die du es über dich gebracht hast, du, die Mutter, deine Kinder mit
    dem Schwert
Zu töten. Und so hast du mich vernichtet, hast mich kinderlos gemacht.
1335 Du lebst nach dem Verbrechen noch
Und schaust die Sonne und die Erde? Gibt es eine Tat auf dieser Welt,
Die frevelhafter ist? Ich wünsche dir den Tod.
Jetzt bin ich klug geworden. Damals war ich nicht sehr klug,
Als ich dich aus dem Haus und dem Barbarenland
1340 Entführte, dir ein neues Haus bei mir, dem Griechen, bot.
Denn so begann das große Leid.
Du hast den Vater und das Land verraten, das dich aufgezogen hat.
Statt dich zu strafen, strafen nun die Götter mich dafür,
Dass du, bevor du noch die Argo, unser schön gebautes Schiff, bestiegst,
1345 Den Bruder an dem väterlichen Herd getötet hast.
So fing es an. Dann hast du dich mit mir vermählt,
Und Kinder hast du mir geschenkt.

Und die hast du jetzt wegen einer Ehe, eines Bettes wegen umgebracht.
Nie hätte eine Griechin eine solche Tat vollbracht.
1350 Ich habe mich mit dir vermählt anstatt mit einer Frau aus Griechenland,
Mit dir, die du mein Feind und mein Verderben bist.
Du bist kein Weib, bist eine Löwin, du bist von Natur
Noch wilder als die Skylla, dieses Ungetüm, das bei Messene haust.
Ich weiß, es kränkt dich nicht, auch wenn ich dich zehntausend Mal
Beschimpfe. Du bist unempfindlich, roh und kalt.
1355 Verschwinde, du Verbrecherin, du blutbefleckte Kindermörderin.
Mir bleibt nur noch die Klage über mein Geschick,
Dass ich mich nicht an meiner neuen Frau erfreuen und kein Wort
An meine Kinder richten kann. Ich habe sie gezeugt, ich zog sie auf,
Nun leben sie nicht mehr, du hast sie mir geraubt.

MEDEA
1360 Die Antwort auf die Rede wäre lang,
Wenn unser Vater Zeus nicht alles wüsste, was du mir verdankst
Und was du mir getan hast. Du hast mich betrogen und verletzt,
Und darum durftest du nicht länger leben dir zur Freude, mir zum Hohn.
Die Königstochter und ihr Vater, der den Ehebund gestiftet hat,
1365 Vertrieben mich aus ihrem Land. Und dafür wurden sie bestraft.
So nenne mich denn Löwin, wenn du willst,
Und Skylla, die, ein Scheusal, bei Messene haust,
Ich habe dir die Schmerzen zugefügt, die du verdienst.

JASON
Du leidest auch, und du hast auch an meinem Unglück teil.

MEDEA
1370 Gewiss, doch lindert es den Schmerz, wenn du mich nicht verlachst.

JASON

Ihr Kinder, was für eine schlechte Mutter habt ihr doch gehabt.

MEDEA

Ihr Söhne, welches Laster eures Vaters hat euch umgebracht.

JASON

Es war nicht meine Hand, die sie getötet hat.

MEDEA

Dein Frevel und der neue Ehebund.

JASON

1375 Und sie zu töten wegen eines Bettes, hältst du das für Recht?

MEDEA

Meinst du, dass das die Frauen gar nicht kränkt?

JASON

Dann nicht, wenn sie vernünftig sind. Für dich ist immer alles schlecht.

MEDEA

Schau, sie sind tot. Und dieser Schmerz vergeht nicht mehr.

JASON

Weh mir, sie sind die Rachegeister über deinem Haupt.

MEDEA

1380 Die Götter kennen den, der angefangen hat.

JASON

Die Götter kennen dein verruchtes Herz.

MEDEA
Du hasse nur. Mich ekelt dein verbittertes Geschwätz nur an.

JASON
Und mich das deine. So fällt uns die Trennung leicht.

MEDEA
Was soll ich dann noch hier? Ich will die Trennung auch.

JASON
1385 Überlasse diese Toten mir, damit ich sie bestatten und beweinen kann.

MEDEA
Auf keinen Fall. Denn ich begrabe sie mit dieser meiner Hand.
Es gibt ein Heiligtum der Hera oben auf der Burg,
Ich bringe sie dorthin, dass keiner von den Feinden ihnen Schimpf zufügt,
Kein Feind ihr Grab zerstört. Ich stifte diesem Land des Sisyphos
1390 Für alle Zeit als Sühne für den frevelhaften Mord
Ein hohes Fest und Weihen. Was mich selbst betrifft,
So will ich mich in des Erechtheus Stadt begeben, nach Athen.
Ich wohne dort bei Aigeus, des Pandion Sohn.
Du aber, elend, wie du bist, wirst elend, wie du es verdienst,
1395 Getötet werden. Denn ein Trümmerstück der Argo trifft dein Haupt.
Du siehst, wie bitter diese Ehe endet, die uns einst verbunden hat.

JASON
Erinnys, die Rachegöttin der Kinder, vernichte dich
Und Dike, die die Mörder straft.

MEDEA
Wer soll dich erhören, welcher Daimon oder welcher Gott,
1400 Der du Eide gebrochen und einen Gast hintergangen hast.

JASON
Weh mir, du Scheusal, du Kindermörderin!

MEDEA
Du gehe nach Hause und bestatte deine Frau.

JASON
Ich gehe, ein Mann, der kinderlos ist.

MEDEA
Das ist noch kein Jammern. Warte nur erst das Alter ab.

JASON
1405 Ihr liebsten Kinder.

MEDEA
Nur für die Mutter, nicht für dich.

JASON
Und du hast sie trotzdem getötet?

MEDEA
So tue ich dir weh.

JASON
Weh mir, ich will nichts als den lieben Mund
1410 Meiner Kinder küssen, ich armer Mann.

MEDEA
Nun sprichst du sie an, jetzt hast du sie lieb,
Nachdem du sie vorher verstoßen hast.

JASON

Erlaube mir bei den Göttern doch,

Dass ich nur die zarte Haut meiner Kinder berühren darf.

MEDEA

1415 Ich erlaube es nicht. Du bittest umsonst. (Sie entschwindet.)

JASON

Wie ich zurückgestoßen werde, hörst du, Zeus,

Was ich erdulden muss von dieser Frevlerin,

Der Löwin, der Kindermörderin?

Soviel Kraft ich noch habe, soviel ich vermag,

1420 Beweine ich meine Kinder. Ich rufe die Götter an,

Und alle göttlichen Wesen seien mir Zeugen für dein Wort,

Dass ich, nachdem du die Kinder getötet hast,

Die Toten mit meinen Händen nicht berühren und nicht bestatten darf.

Ach, hätte ich sie doch niemals gezeugt,

1425 Dann müsste ich sie jetzt nicht sehen, wie du sie vernichtet hast.

CHOR

Der Lenker von vielem ist Zeus im Olymp,

Sehr vieles von dem, was die Götter bewirken, erwarten wir nicht.

Und was wir erwarten, das tritt nicht ein.

Für das Unerwartete findet der Gott einen Weg.

1430 Das hat auch dieses Ereignis gezeigt.

Der Autor

Kurt Roeske hat Klassische Philologie in Tübingen und Frankfurt/Main studiert. Seine berufliche Laufbahn hat er in Frankfurt begonnen, zunächst als Lehrer und dann Fachleiter für Griechisch. Als Schulleiter hat er die Diltheyschule in Wiesbaden, die Deutsche Schule in Athen und das Rabanus-Maurus-Gymnasium in Mainz geleitet.

Seit seiner Pensionierung leitet er als Dozent in der Volkshochschule in Mainz Kurse zur antiken Literatur und Philosophie. Er hält Vorträge in Mainz, Wiesbaden und Frankfurt/Main und leitet Gruppenreisen in die antike Welt.

Immer geht es ihm darum, die bis in die Gegenwart fortwirkende Aktualität der griechischen und römischen Kultur aufzuzeigen.

Vom Autor sind bisher erschienen

BÜCHER
- Begegnungen. Athen im Spiegel antiker Texte und Bilder. Zusammen mit W. Rottenkolber, Ffm (Haag + Herrchen), 1992
- Attika im Spiegel antiker Zeugnisse, ein kulturhistorischer Reisebegleiter, Ffm. (Fischer & Fischer Medien), 2003
- Nachgefragt bei Sokrates, ein Diskurs über Glück und Moral, Text und Interpretation der Apologie Platons, Würzburg (Königshausen & Neumann), 2004
- Die späte Heimkehrdes des Odysseus, Texte und Deutungen, Würzburg (Königshausen & Neumann), 2005
- Die verratene Liebe der Medea, Text, Deutung, Rezeption der *Medea* des Euripides, Würzburg (Königshausen & Neumann), 2007
- Venus und Aphrodite, von Homers lockender Hera bis zu Petrons verführ-

ter Witwe, Texte, Erläuterungen, Illustrationen, Würzburg (Königshausen & Neumann), 2008
- Antigones tödlicher Ungehorsam, Text, Deutung, Rezeption der *Antigone* des Sophokles,Würzburg (Königshausen & Neumann), 2009
- Sizilien im Spiegel antiker Zeugnisse. Ein kulturhistorischer Reisebegleiter, Ruhpolding/Mainz (Franz Philipp Rutzen-Verlag), 2011
- Zypern im Spiegel antiker Zeugnisse. Ein kulturhistorischer Reisebegleiter,
- Ruhpolding/Mainz (Franz Philipp Rutzen-Verlag), 2013

HÖRBÜCHER in der Reihe LEBENDIGE ANTIKE

Bei Königshausen & Neumann in Würzburg erschienen
- Narziss und Echos Goldmund. Ovid/Benjamin Britten, 2005
  Brigitte Goebel (Rezitation), Kurt Roeske (Moderation), Christian Petrenz (Oboe)
- Ende gut – alles gut. Odysseus und Penelope. Szenen aus Homers Odyssee, 2007
  Brigitte Goebel (Rezitation), Kurt Roeske (Moderation), Silke Aichhorn (Harfe)

Im Medienhaus Huff in Mainz erschien
- Medea. Liebe – Rache – Wahnsinn, 2008
  Brigitte Goebel (Rezitation), Kurt Roeske (Moderation), Christian Petrenz (Oboe)
  Komposition: Anno Schreier: Medea-Phantasien für Oboe solo